子どもの育ちMap（0・1・2歳児）
0〜5歳児の年齢ごとの子どもの姿をまとめました。子どもの発達を理解し、見

0歳児

前半 / **後半**

健やかに伸び伸びと育つ

感覚を通して外界を認知する
周囲の人やものをじっと見つめたり、声や音がするほうに顔を向けたりする

「気持ちいい」感覚がわかる
おむつ交換や衣類の着脱を通して、清潔になることの心地よさを感じる

授乳から離乳食への準備が始まる
ミルクを飲むことから、離乳食に少しずつ慣れる

座る、はう、立つ、つたい歩きをする
体を動かすことが楽しくなる

生活のリズムができる
食事の時間、睡眠の時間が次第にそろい、生活の流れができあがってくる

身近なものと関わり感性が育つ

身近なものに興味をもつ
何かをじっと見つめたり、手にしたりして、身近なものに興味をもってかかわる

ものとの新しいかかわりを発見する
身の回りのものにさわってみたいと向かっていき、つかんだり叩いたりして遊ぶ

様々な食材と出会う
離乳食が完了期へと移行し、徐々に形や固さのある食べ物に慣れ、食べることを楽しむ

絵本に興味をもつ
保育者と一緒に絵本などを見て、絵本のイメージの世界を味わう

歌に合わせて体を揺らす
歌やリズムに合わせて手足や体を揺らして楽しむ

身近な人と気持ちが通じ合う

身近な人の顔がわかる
身近な人の顔がわかり、優しく語りかけられると喜ぶ

体の動きや泣き声、喃語で気持ちを伝える
手を伸ばしたり、笑いかけたり、声を出したりして自分の欲求を伝えようとする

ほかの子どもに関心をもつ
保育者との安定した関係を基盤として、ほかの子どもに関心をもつようになる

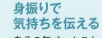

身振りで気持ちを伝える
自分の気づいたことを指差しなどで保育者に伝えようとする

通しをもった保育・幼児教育につなげてください。※子どもの発達には個人差があります。この通りに育つというわけではありません。

4歳児

複雑な動きができるようになる
走りながらジャンプしたり、ボールを蹴ったり取ったりするなど、様々な動きを組み合わせて遊ぶ

身の回りのことを自分で行う
園生活の仕方がわかり、自分の持ち物の片づけや着替えなどの身の回りのことを自分で行い、手洗いやうがいも自発的に行動する

ルールのある活動を楽しむ
鬼ごっこやボール遊び、カードゲームなど、ルールのある遊びを知り、ルールの中での活動を楽しむ

新しい方法を試す
普段よく使う工作の素材や道具に、初めて見る素材や道具を加えて、試したりする

絵本の表現を楽しむ
絵本のストーリーを理解し、絵本を通して言葉の表現を楽しもうとする

表現する喜びや楽しさに気づく
絵を描いたり、リズムに合わせて踊ったりと、友だちと一緒に表現することの喜びを味わい、楽しさに気づく

5歳児～

主体的にくり返し取り組む
自分なりの目的をもってなわとびやコマ回しなどに挑戦し、それを達成するために工夫しながらくり返し取り組む

自分の役割を果たす
動物や植物の世話や給食の当番活動をすることで、しなければならないことを自覚し、それを認められることで達成感を味わう

友だちと話し合って遊びを進める
自分の考えや気持ちを伝え、友だちとイメージを共有して、試行錯誤しながら工夫して遊びを進める

話し合って、役割やルールを決める
グループの中で話し合って役割を決めたり、遊びのルールをつくったりして、みんなで遊びを発展させる

地域社会とのつながりを意識し、地域や小学校と交流する
住んでいる地域社会とのつながりを意識するようになり、地域の行事に参加したり、小学校に行って就学を意識したりする

命の大切さや自然の不思議に気づく
自分たちで虫や動物を飼育したり、植物の世話をする中で、動植物に愛着をもってかかわり、命の大切さや自然の不思議に気づき、いたわる気持ちや畏怖の念をもつ

見通しを立てて製作や遊びを工夫する
「こうすればこうなる」という見通しをもって製作をしたり、友だちと意見を出し合って遊びを工夫していく

遊びの中で文字や数量を使い、興味・関心を深める
友だちに手紙を書いたり、買い物ごっこやトランプやカードゲームをしたりし、文字や数量を使った遊びを楽しむ

経験や考えを伝える
自分の経験したことや考えたことなどを言葉にして相手に伝えたり、相手の話を聞こうとする

自分の表現を工夫する
自分が表現したいことを言葉や身ぶりを通して伝え、友だちの意見を取り入れながら、劇や歌、作品作りなどの表現活動に取り組む

健康　自立心　協同性　道徳・規範　社会生活　思考力　自然・生命　数量・図形・文字　言葉　感性・表現

子どもの育ちMap（3・4・5歳児） 0〜5歳児の年齢ごとの子どもの姿をまとめました。子どもの発達を理解し、見

3歳児

健康

人間関係

環境

言葉

表現

様々な身体能力が高まる
散歩に出たり園庭の固定遊具で遊んだりして、体を十分に動かして楽しむ

自分でしようとする
着脱や食事など生活に必要な活動を自分でやってみようとし、できたということを喜ぶ

生活にきまりがあることを知る
手洗いやうがいなど生活にきまりがあることを知り、意識して過ごす

友だちと遊ぶことを楽しむ
自分の好きな遊びも友だちと一緒だとさらに楽しいことに気づき、友だちと楽しもうとする

様々な人とのふれ合いを楽しむ
保育者や友だち、年齢の違う子どもたち、友だちの保護者、地域の人など、様々な人とのふれ合いを楽しむ

素材や道具の使い方を知る
様々な素材や道具の使い方を知り、それを使って遊びを楽しむ

自然物を使った遊びを通して自然に興味をもつ
花や実を集めたり、それらを使った遊びを通して、自然や植物、虫などに興味をもつ

生活や遊びを通して形や数量に興味をもつ
同じ形の積み木だけを選んで並べたり、ものを数えたり、友だちと分けたりする中で、形や数量に興味をもつ

自分の思いや経験を言葉で伝える
生活や遊びの中での思いや自分の経験したことなどを言葉にして相手に伝えるようになる

様々な素材にふれのびのびと表現を楽しむ
砂や水、絵の具やクレヨン、折り紙、粘土、積み木など様々な素材や道具を使い、その感触や特性に気づき、のびのびと表現することを楽しむ

4

友だちが自分と違う考えをもっていることに気づく
自分の考えを伝えながら、友だちにも考えのあることに気づき、一緒に遊びを楽しむ

かかわりの中で相手の気持ちを理解する
年下の子の世話をしたり、友だちを手伝ったりする中で、相手の気持ちを考えたり、思いやりをもったりするようになる

季節による変化を感じる
季節による変化を感じ、植物や虫を育てたり観察したりすることで、親しみをもつ

遊びや生活の中で文字や数を意識する
お店屋さんごっこでメニューを作ったりする中で、文字や数に興味をもつ

通しをもった保育・幼児教育につなげてください。※子どもの発達には個人差があります。この通りに育つというわけではありません。

1歳児

2歳児

全身を使った遊びを楽しむ
段差から飛び降りようとしたり、傾斜のあるところを歩いたり、遊具を押したりしながら遊ぶ

午睡が1回となる
食事や午睡の生活リズムが整ってきて、遊びの時間が充実してくる

好奇心や探究心をもってかかわる
何気ないものの動きを一心に見つめ、手で動きを止めたり変えたりして、探索意欲を発揮する

積み木を積む
積み木を重ねたり、横に並べて四角く囲いを作ったりする

水や土、砂で遊ぶ
水の冷たさや砂や泥の感触にふれ、楽しむ

子ども同士でかかわり始める
子ども同士のかかわりが増え、ほかの子どもの表情や動作をまねたり、ものを介したやり取りが生まれる

「おはよう」のあいさつをまねる
保育者の朝の笑顔やあいさつに気づき、自分もまねてかかわりをもとうとする

自我が芽生える
自我が芽生え、強く自己主張することが増える

絵本の言葉を取り込み、使う
くり返し読んでもらう絵本の簡単な言葉を自らも口ずさむ

自分から片言でしゃべる
保育者の言葉におもしろさや魅力を感じ、自分から片言でしゃべることを楽しむ

自分で衣服を着ようとする
生活の習慣が身につき、自分なりに工夫をして、簡単な衣類の着脱をしようとする

トイレで排泄ができるようになってくる
タイミングよくトイレに誘うと、トイレで自分で排泄ができるようになってくる

小さな玩具を色ごとに並べる
色や形の違いがわかり、指先を使って並べるなどの細かな遊びを楽しむ

自分の持ち物を意識する
自分のものという所有意識が明確になり、友だちの持ち物もわかるようになってくる

記憶する力やイメージする力が育つ
おやつの時間に保育者がテーブルを出して準備を始めると、自ら椅子を出すのを手伝うなどその先をイメージして行動する

興味のあることを自分なりに表現する
クレヨンなどで、思いのままに画用紙に描いて遊ぶ

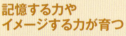

ほかの子どもとかかわりをもつ
自分と異なる思いや感情をもつ存在に気づき、保育者の仲立ちで自分の思いを相手に伝える

周囲の人のまねをする
年上の子どもや保育者のまねをして、遊びにも取り入れる

ごっこ遊びを楽しむ
保育者と一緒に遊具を別のものに見立てたり、何かのふりをしたごっこ遊びをする

言葉のやり取りを楽しむ
単語数が増え、言葉のやり取りを楽しむ

健康 / 環境 / 表現 / 人間関係 / 言葉

「子どもの姿ベース」の環境デザイン（0・1・2歳児） 「子どもの姿ベース」の環境のデザインとは？

絵本のエリア

絵本のエリアの窓には子どもたちが関心をもっているいろいろなものの写真が貼られている。棚には子どもの興味に合う絵本を置いて。

家庭に育ちを伝える

廊下に貼られたポートフォリオ。保育者がどのように子どもの学びを見ているのかを伝え、家庭と子どもの育ちを共に喜び合うことにもつながる。

1歳児クラス

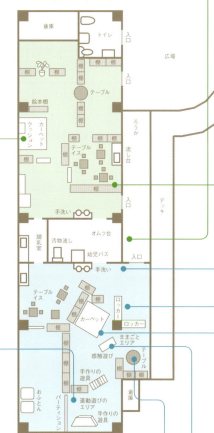

天井に注目！ 天蓋を設けて天井を低くして、落ち着いて遊ぶことができる場にしている。

0歳児クラス

体を動かして遊ぶエリア

ハイハイからつかまり立ちへ活動的になってきた子どもたちがチャレンジしたくなる場。（左前）木製遊具はつかまり立ちをしたり、中に入って遊ぶのにぴったりの高さ。片面を半透明の布で覆い、中の子どもからは外が見えない。つかまり立ちをした時に、ちょうど手の届くところに魅力的なおもちゃが並んでいる。

ごっこ遊びのエリア

ままごと遊びのエリアには、家庭用の調理器具も並べられている。壁には保護者が料理をしている写真が貼られ、子どもたちはパパ、ママをまねて遊ぶ。

いろんな感触を楽しむ

いろんな見た目、感触の素材
- そろばん
- 電卓
- キャップ
- 人口芝
- キャスター
- ゴム
- いろいろな石
- のり
- ベビーオイル
など

いろいろな感触の素材が壁や床に貼りつけられている。手で触って、足で踏んで、素材の違いを楽しむ。

保育室内を飾る

製作の様子を伝える

落ちついて過ごす

なっています。遊びが広がる環境の参考にしてください。（協力：世田谷仁慈保幼園）

知的な好奇心がどんどん広がる環境

子どもたちの興味・関心から保育ウェブを作成して保育室に貼る。調べ物、製作、クラスの共同製作、劇やダンスなど、いろいろな活動に発展していくことを見通して、子どもたちのやりたい気持ちに応え、子どもが発想を膨らませることができる環境が工夫されている。製作した絵や造形物、活動の写真などをセンスよく飾ることで、活動はさらに発展していく。

3・4・5歳児クラス
きういグループ

どうやったら転がるかな？

時には廊下もダイナミックに使って、"ピタゴラ装置"の仕掛けを研究中。子どもたちの試行錯誤の記録も掲示。

昆虫博士になりたい

こちらのクラスでは、昆虫に興味が集まっている。ラックに土、掃除道具、虫眼鏡などを準備。大判のポスターも。子どもたちは思い思いに幼虫を飼育・観察したり、紙や粘土で昆虫を製作したりする。

絵本のエリア

観葉植物やクッションが置かれた落ち着く絵本のエリア。壁には子どもたちが書いた「えほんのかたづけかた」も。

継続した遊びができるエリア

床にはいろいろなシートがあり、子どもたちが話し合いながら、「緑は野原にしよう」「マットは寝るところね」などと見立てていく。

光や影を楽しむエリア

ライトテーブルを使って光と色を楽しむ。

きるエリア

大きな構成物をじっくり作れるエリア。

教材庫 子どもの作りたい気持ちをかなえる様々な素材を準備。

鏡、いろいろな素材。

木片、釘。

いろいろなビン、ドライフラワー、毛糸のオブジェ。

カラフルな布。

「子どもの姿ベース」の環境デザイン（3・4・5歳児）　3・4・5歳児は縦割りクラスごとに異なる構成に

継続した遊びができるエリア

棚と壁に囲まれ、遊びに集中できるエリア。

光や影を楽しむエリア

ライトに興味をもった子どもたち。「明るいと光が見えにくい」と気付き、黒画用紙を貼り合わせて暗幕を作った。保育者が黒い布を下げてあげれば簡単だけど、子どもたち自身が考える。

構成遊びのエリア

細かな指先の動きができるようになってきた3・4・5歳児に、いろいろな大きさの板、ワイヤー、ヒモ通し、コマなどを準備。

ごっこ遊びのエリア

3・4・5歳児クラスはごっこ遊びも本格的。粉チーズや液体ソープの空容器など、本物を置いて。おたまやしゃもじも家庭用。

世界の国に興味津々

3・4・5歳児クラス りんごグループ

（左上）クラスの子どもがタイ旅行に行ったことをきっかけに、いろいろなタイ料理について調べる活動に。タイの食材をみんなで買いに行った。（右上）さらにほかの国にも興味が広がり国旗や地図などが遊びの中に。（右下）教室の入り口には国旗のオーナメントを飾って。

火を起こすよ

みんなで描いた巨大なさつまいもを天井からつるして。焼き芋を作るために黒い画用紙に虫眼鏡で光を集めて火を起こそうと挑戦（写真右側）。まだ火は起こせていないけれどチャレンジは続く。

3・4・5歳児クラス ばななグループ

恐竜大好き

恐竜に詳しい子どもが中心になって恐竜をテーマにいろいろな活動に取り組む。博物館見学の計画も立てている。

継続した遊びが

実際の保育室の環境からヒントをもらいましょう。(協力:世田谷仁慈保幼園)

いろいろな構成遊び

発達に合わせて積み木、パズル、ブロックなどが準備されている。

構成遊びのエリア

完成したブロックの写真や遊んでいる子どもの写真を見て、やりたい気持ちに。少人数でじっくり取り組めるエリア。

棚には色分けされた道具。棚の上に並ぶのは保護者が入園の時に作ってくれたお守り代わりの「セーター人形」。

「集める」をおもしろがる姿から生まれた外遊び用バッグ

保育室の出口には、牛乳パックで作った外遊び用バッグ。子どもの顔写真付き。園庭や散歩で気になった葉っぱや石、どんぐりなどを入れて持ち帰る。

子どもたちが拾ってきた石や木の実をすてきにディスプレイ。付箋で保育者のコメントもつけて。子どもたちの宝物を丁寧に飾ることで保護者とも共通の話題になる。
(上:1歳児、下:0歳児)

伝える

子どもたちが製作した作品は、製作過程の写真や保育者のコメントを添えて掲示。夢中になって遊ぶ姿を保護者にも見てもらう。

天井に注目！
天井に手作りのオブジェが飾られている。オーガンジーの布を垂らして、布がエアコンの風にはためくのを楽しむ姿も。

2歳児クラス

製作物を飾る

子どもたちの作品は、顔写真付きで棚に飾る。今はカラフルなビーズが大人気。

絵本のエリア

くつろいで思い思いに好きな絵本が読めるエリア。水槽の横にはクラスで飼っている生き物の図鑑を置き、すぐに調べられる。

～せるエリア

カーペットやクッションを置き、家庭的な雰囲気に。少人数で保育者と落ち着いて絵本を読む。

子どもの姿ベースの

新しい指導計画の考え方

無藤 隆　大豆生田啓友／編著

高嶋景子　三谷大紀　北野幸子　齊藤多江子
松山洋平　和田美香／執筆

新要領・指針対応

フレーベル館

はじめに
「子どもの姿ベース」が保育を楽しくする

無藤 隆×大豆生田啓友

Omameuda: 新しい要領・指針を指導計画にどう活かすのか。難しそうと思う読者の皆さんも多いかなと思います。私が読者を代表して、無藤先生にいろいろ質問させていただいてよろしいですか？
10:44

Muto: いいですよ。大豆生田さんに解説するのはなんだか照れますね（笑）。
10:45

Omameuda: いえいえ、私自身も学ばせていただきます（笑）。さて、今回の改訂・定では、「カリキュラム・マネジメント」「全体的な計画」という言葉が使われ、指導計画はとても重要なことと位置づけられました。無藤先生が、指導計画を作成する際のキーワードとして、「子どもの姿ベース」ということを強調されたのはなぜでしょうか。
10:46

Muto: 園の種類にかかわらず、保育は計画的・組織的に行うものだと、これまで要領・指針の改訂・定のたびに強調されてきました。今回から教育課程、保育課程は「全体的な計画」に呼び方が変わりましたが、この「全体的な計画」と指導計画の組み合わせで、計画的に保育を進めることが求められてきたのです。同時に、指導計画は柔軟なものだとも書かれています。
10:48

Omameuda: **柔軟な指導計画！**
10:49

Omameuda: 大事そうなキーワードですね！
10:49

Muto: 指導計画の通りになることが目指されているわけではないのです。じゃあ、計画は無意味かというとそうでもない。保育者の意図と違う行為を子どもがした場合、引き戻すのか、その子のやろうとしていることを支えていくのかなど、どんな援助が必要かと考えるわけですが、保育者が様々なねらいや目標をもっていれば、子どもがどんな方向に進んでも安心して見守っていけます。
10:51

Omameuda:「日々、子どもが何に興味・関心をもっているかに着目する計画」ということですね。
10:51

Muto: その通りです！ 子どもがいろいろなものに出会い、気付くことには、保育者の想定を超える場合も多いのです。
なんといっても、子ども自身が、それを見つけるのですから。
10:52

Muto: 子どもが「試して工夫する」という時、計画に十分な幅を用意する。
そして子どもがすることを保育者が認め、受け入れて、楽しむ。
そのうえで、それをどんなふうに広げ、発展させるかを考えるのです。そのためにも、固定された計画ではなく、ある程度緩やかな計画としていくことが大切ですね。
10:54

Omameuda: **緩やかな計画ですね。**
10:55

Muto: といっても、いい加減でいい、という意味ではないのですよ。PDCA（P：Plan, D：Do, C：Check, A：Action）が1回転で終わるのではなく、その日の保育を振り返り、次につなげていくというサイクルが何回転もするうちに、発展していくのです。子どものしているおもしろいことや出会いをうまく組み入れられる**余地のある計画**ということです。
10:56

Omameuda: ある園で、「秋の自然にふれる」というねらいで計画を立て、散歩に出かけたのです。実際に行ってみたら、子どもたちはマンホールの蓋にいろいろな模様があるのがおもしろくて、そればかり見て楽しんでいたそうです。園に帰ってからも、明日も見つけに行きたいという話になり、保育者は柔軟に計画を変更したということです。
10:57

Omameuda: 無藤先生のお話でいくと、Planは「秋の自然にふれる」で、Doで実際にしてみたら、子どもの興味・関心はマンホールの蓋の模様だった。Checkの振り返りとしては、子どもたちがあんなにおもしろがっているなら、ねらいを修正してみよう。Actionでは、じゃあ、明日は違うマンホールの蓋が見つかりそうな場所を歩きながら、できれば秋の自然にもふれてみよう。このように、1日で完結するのではなく、連続性をもちながら子どもの興味・関心から次のねらいへとつながっていくという感じでしょうか？
10:59

Muto: そうなのです。「秋の自然」は「全体的な計画」の中の比較的重要な目標でしょう。子どもたちにぜひ経験してほしいからそれをなくすことはしないけれど、数週間の幅でいずれどこかで経験できればいいと融通を利かせていいわけです。
11:00

Omameuda: つい、今日のこの計画の中でこれをさせよう、となってしまいがちだけど、今、子どもがこれに興味があるなら、それは大事な経験だから、徹底的に付き合っちゃおう！ そんな感じでしょうか（笑）。すると、やっぱり、振り返りも大事な視点になってきますね。
11:01

Muto: **「ねらい」は後付けで考えたっていいんですよ。**
11:02

Omameuda: ええ〜、そうなのですか。
11:02

Muto: 実際の保育では、計画とは違うことが起きるもの。だから子どもの経験に即して、別のねらいに向かうことだってあるということです。
11:03

Omameuda: すると、ねらいを無理に達成しようとしなくていいんですね。むしろ赤ペンで真っ赤に軌道修正している計画のほうがいい!?
11:03

Muto: そうそう（笑）。
11:03

Omameuda: 大切な視点をいただいて、ありがたいです！ 最後に、「全体的な計画」と日々の保育は、どう関係付けていけばいいのでしょう？
11:04

Muto: 「全体的な計画」は、園の計画の中で「ねらい」の位置付けなのです。だから「全体的な計画」では、園の理念に則り、どんな子どもを育てていきたいかをベースに、資質・能力や10の姿の視点も入れて、それぞれの年齢の育ちを考えます。一方、年間指導計画は、具体的な活動。どの場所でどんな活動をしようかと具体的に想定するから、準備や環境設定が必要になります。だから、年間指導計画で想定しておけば、実際に月案を作る時に慌てないですむのです。
11:05

なるほど〜。短期計画と長期計画の関係性が大事なこともよくわかりました。読者の皆さん、資質・能力や10の姿はこの後10ページから無藤先生が解説してくれていますからね、ご安心を。
11:06
Omameuda

「全体的な計画」は、保育者全員が集まってきちんと見直す機会が年1回はあるといいですよね。
11:07
Muto

月単位でカリキュラム会議をしている園は結構あります。「子どもの姿ベース」は、子どもの姿を語り合うところから生まれるのですね。
11:07
Omameuda

計画作りは手間もかかりますが、記録や写真をもとに、**園のみんなでぜひ和気あいあいと語り合ってほしいですね。**
11:08
Muto

本当に、計画が楽しいものになっていくといいですね。まさに、**子どもと一緒に作っていく計画が大切です。**それは、最初から決まった計画をおろしてくればいいわけじゃないんですね。ありがとうございます。
11:08
Omameuda

11:10
Omameuda

無藤 隆（むとう たかし）
白梅学園大学大学院特任教授。みんながリスペクトする、3法令の改訂・定のキーマン！ 趣味は、美術館巡り、落語、全国の園に講演などで呼ばれた際に子どもたちのすてきな姿を写真に収めること。「子どもの姿ベース」が保育に根付くといいなと日々願っている。

大豆生田啓友（おおまめうだ ひろとも）
玉川大学教授。各地の指導で全国行脚し、保育現場から絶大な信頼を寄せられている研究者。メディアでも活躍。趣味は、ボブ・ディランをはじめとしたロック、犬の散歩など。黒を基盤としたファッションにも一家言あり。「子どもの姿ベース」を目指す園を応援している。

Contents

子どもの姿ベースの新しい指導計画の考え方
新要領・指針対応

はじめに 「子どもの姿ベース」が保育を楽しくする…2
「子どもの姿ベース」の指導計画を作ろう！…8

第1章
指導計画のきほん

要領・指針を活かした
「子どもの姿ベース」の指導計画
（資質・能力と10の姿）…10

要領・指針を活かした
「子どもの姿ベース」の指導計画
（5つの領域と3つの視点）…12

資質・能力とはどんなもの？
3つの柱は、
幼・保・認定こども園に共通…14

指導計画の「ねらい」に
「資質・能力」の3つの柱を
入れてみよう！…16

「3つの視点」と「5つの領域」で
「子どもの姿ベース」の活動を計画しよう！
（0・1・2歳児）…18

「10の姿」で「子どもの姿ベース」の
活動を計画しよう！
（3・4・5歳児）…20

子どもの姿を振り返り、
計画につなげる
カリキュラムマネジメント…22

さらに押さえておきたい！
指導計画のための
要領・指針のポイント…24

第2章
これからの指導計画

「子どもの姿ベース」の
指導計画のために
～なぜ指導計画が必要なの？…28

「子どもの姿ベース」から
生まれる計画の具体的な展開…30

「子どもの姿ベース」の
環境デザインのポイント
（0・1・2歳児）…32

「子どもの姿ベース」の
環境デザインのポイント
（3・4・5歳児）…34

安全・安心な環境と保育の
チェックリスト
～事故や感染症を防ぐために…36

子どもが主役の指導計画を作ろう！
～保育ウェブを活用した
　柔軟な指導計画…38

第3章
様々な計画について

全部的な計画 その① … 42
全体的な計画 その② … 44
年間指導計画 1歳児 … 46
年間指導計画 3・4・5歳児 … 48
保健計画・安全計画 … 50
食育計画 その① … 52
食育計画 その② … 54
個別教育支援計画 … 56
子育て支援事業 事業計画・
子育てひろば年間予定 … 58
地域子育て支援計画 … 59
地域との連携計画 … 60
防災訓練計画表 … 62

第4章
4月の月案と資料、要録

ポイントを押さえて、わかりやすく簡単に！
指導計画 月案の書き方 … 64
0歳児の月案と資料 … 66
1歳児の月案と資料 … 70
2歳児の月案と資料 … 74
3歳児の月案と資料 … 78
4歳児の月案と資料 … 82
5歳児の月案と資料 … 86
すぐにわかる！「要録」のポイント
〜子どもの育ちを小学校へ伝える … 90

巻頭シート

子どもの育ちMap
「子どもの姿ベース」の環境デザイン

「子どもの姿ベース」の指導計画を作ろう！

指導計画を作成する上で大切なのは、目の前の子どもの姿を捉え、そこから計画を作成していくことです。
下の表の要素を実際の子どもの姿に照らしてみることで、子どもたちに育っている力、これから育てていきたい力が見えてくるでしょう。

STEP1
子どもの姿を捉える
日々の保育での様子や記録から子どもの姿を捉え、特にこの時期に現れてきた姿を「前月末（4月当初）の子どもの姿」に記入します。

STEP2
ねらいを考える
子どもの姿から育ちつつある部分を踏まえ、ねらいを立てます。その際、「資質・能力」のキーワードを参考にします。

STEP3
内容を考える
ねらいに向かうために必要な活動を考えます。年齢ごとに「3つの視点」「5つの領域」「10の姿」のキーワードを参考にしながら作ります。

STEP4
環境や配慮を設定する
ねらい・内容に対して、どのような環境が必要で、どのようにかかわっていくか、「環境構成」「保育者の配慮」を考え、記入します。

STEP5
評価・修正・発展
子どもの育ちと保育者の保育について振り返り、評価します。指導計画が適切か考え、よかった部分を取り出します。これを修正・発展させ、次の計画のベースとします。

> 0歳児では「3つの視点」、1歳以上5歳児では該当する年齢区分の「5つの領域」を参考にします。その後、3歳児は「10の姿」の芽生え、4・5歳児は「10の姿」を意識するようにして、特に5歳児後半では「10の姿」をメインとして、様々な活動を計画しましょう。詳細は14〜17ページを参照してください。

資質・能力　キーワード

知識・技能の基礎	・気付く　・分かる　・できるようになる　・自らつくり出す　・取り入れる　・感じとる　　など
思考力・判断力・表現力等の基礎	・考える　・試す　・工夫する　・表現する　・見通しをもつ　・振り返る　・役立てる　・活用する　　など
学びに向かう力・人間性等	・意欲をもつ　・頑張る　・粘り強く取り組む　・挑戦する　・協力する　・やり遂げる　・自己調整する　・折り合いを付ける　・大切にする　・自分の考えをよりよいものにする　・面白いと思う　　など

幼児期の終わりまでに育ってほしい姿（10の姿）　キーワード

健康な心と体（健康）	・充実感をもって自分のやりたいことに向かう ・心と体を十分に働かせ、見通しをもって行動する ・自ら健康で安全な生活をつくり出す
自立心（自立心）	・身近な環境に主体的に関わり様々な活動を楽しむ中で、しなければならないことを自覚する ・自分の力で行うために考えたり、工夫したりする ・諦めずにやり遂げることで達成感を味わい、自信をもって行動する
協同性（協同性）	・友達と関わる中で、互いの思いや考えなどを共有する ・共通の目的の実現に向けて、考えたり、工夫したり、協力したりする ・充実感をもってやり遂げる
道徳性・規範意識の芽生え（道徳・規範）	・友達と様々な体験を重ねる中で、してよいことや悪いことが分かる ・自分の行動を振り返ったり、友達の気持ちに共感したりし、相手の立場に立って行動するようになる ・きまりを守る必要性が分かり、自分の気持ちを調整し、友達と折り合いを付ける ・きまりをつくったり、守ったりする
社会生活との関わり（社会生活）	・家族を大切にしようとする気持ちをもつとともに、地域の身近な人と触れ合う ・人との様々な関わり方に気付き、相手の気持ちを考えて関わり、自分が役に立つ喜びを感じる ・遊びや生活に必要な情報を取り入れ、情報に基づき判断したり、情報を伝え合ったり、活用したりするなど、情報を役立てながら活動するようになる ・公共の施設を大切に利用するなどして、社会とのつながりなどを意識するようになる
思考力の芽生え（思考力）	・身近な事象に積極的に関わる中で、物の性質や仕組みなどを感じ取ったり、気付いたりする ・考えたり、予想したり、工夫したりするなど、多様な関わりを楽しむ ・友達の様々な考えに触れる中で、自分と異なる考えがあることに気付き、自ら判断したり、考え直したりするなど、新しい考えを生み出す喜びを味わいながら、自分の考えをよりよいものにする
自然との関わり・生命尊重（自然・生命）	・自然に触れて感動する体験を通して、自然の変化などを感じ取る ・好奇心や探究心をもって考え言葉などで表現しながら、身近な事象への関心が高まる ・自然への愛情や畏敬の念をもつようになる ・生命の不思議さや尊さに気付く ・身近な動植物への接し方を考え、命あるものとしていたわり、大切にする気持ちをもって関わる
数量や図形、標識や文字などへの関心・感覚（数量・図形・文字）	・遊びや生活の中で、数量や図形、標識や文字などに親しむ体験を重ね、標識や文字の役割に気付く ・自らの必要感に基づき活用する ・興味や関心、感覚をもつ
言葉による伝え合い（言葉）	・保育者等や友達と心を通わせる中で、絵本や物語などに親しみながら、豊かな言葉や表現を身に付ける ・経験したことや考えたことなどを言葉で伝える ・相手の話を注意して聞いたりし、言葉による伝え合いを楽しむ
豊かな感性と表現（感性・表現）	・心を動かす出来事などに触れ感性を働かせる中で、様々な素材の特徴や表現の仕方などに気付く ・感じたことや考えたことを自分で表現したり、友達同士で表現する過程を楽しむ ・表現する喜びを味わい、意欲をもつ

3つの視点・5つの領域　ねらい

0歳児 3つの視点	健やかに伸び伸びと育つ（自分）	・身体感覚が育ち、快適な環境に心地よさを感じる。 ・伸び伸びと体を動かし、はう、歩くなどの運動をしようとする。 ・食事、睡眠等の生活のリズムの感覚が芽生える。
	身近な人と気持ちが通じ合う（人）	・安心できる関係の下で、身近な人と共に過ごす喜びを感じる。 ・体の動きや表情、発声等により、保育者等と気持ちを通わせようとする。 ・身近な人と親しみ、関わりを深め、愛情や信頼感が芽生える。
	身近なものと関わり感性が育つ（もの）	・身の回りのものに親しみ、様々なものに興味や関心をもつ。 ・見る、触れる、探索するなど、身近な環境に自分から関わろうとする。 ・身体の諸感覚による認識が豊かになり、表情や手足、体の動き等で表現する。
1歳以上3歳未満児 5つの領域	健康（健康）	・明るく伸び伸びと生活し、自分から体を動かすことを楽しむ。 ・自分の体を十分に動かし、様々な動きをしようとする。 ・健康、安全な生活に必要な習慣に気付き、自分でしてみようとする気持ちが育つ。
	人間関係（人間関係）	・園での生活を楽しみ、身近な人と関わる心地よさを感じる。 ・周囲の園児等への興味・関心が高まり、関わりをもとうとする。 ・園の生活の仕方に慣れ、きまりの大切さに気付く。
	環境（環境）	・身近な環境に親しみ、触れ合う中で、様々なものに興味や関心をもつ。 ・様々なものに関わる中で、発見を楽しんだり、考えたりしようとする。 ・見る、聞く、触れるなどの経験を通して、感覚の働きを豊かにする。
	言葉（言葉）	・言葉遊びや言葉で表現する楽しさを感じる。 ・人の言葉や話などを聞き、自分でも思ったことを伝えようとする。 ・絵本や物語等に親しむとともに、言葉のやり取りを通じて身近な人と気持ちを通わせる。
	表現（表現）	・身体の諸感覚の経験を豊かにし、様々な感覚を味わう。 ・感じたことや考えたことなどを自分なりに表現しようとする。 ・生活や遊びの様々な体験を通して、イメージや感性が豊かになる。
3歳以上児 5つの領域	健康（健康）	・明るく伸び伸びと行動し、充実感を味わう。 ・自分の体を十分に動かし、進んで運動しようとする。 ・健康、安全な生活に必要な習慣や態度を身に付け、見通しをもって行動する。
	人間関係（人間関係）	・園の生活を楽しみ、自分の力で行動することの充実感を味わう。 ・身近な人と親しみ、関わりを深め、工夫したり、協力したりして一緒に活動する楽しさを味わい、愛情や信頼感をもつ。 ・社会生活における望ましい習慣や態度を身に付ける。
	環境（環境）	・身近な環境に親しみ、自然と触れ合う中で様々な事象に興味や関心をもつ。 ・身近な環境に自分から関わり、発見を楽しんだり、考えたりし、それを生活に取り入れようとする。 ・身近な事象を見たり、考えたり、扱ったりする中で、物の性質や数量、文字などに対する感覚を豊かにする。
	言葉（言葉）	・自分の気持ちを言葉で表現する楽しさを味わう。 ・人の言葉や話などをよく聞き、自分の経験したことや考えたことを話し、伝え合う喜びを味わう。 ・日常生活に必要な言葉が分かるようになるとともに、絵本や物語などに親しみ、言葉に対する感覚を豊かにし、保育者等や友達と心を通わせる。
	表現（表現）	・いろいろなものの美しさなどに対する豊かな感性をもつ。 ・感じたことや考えたことを自分なりに表現して楽しむ。 ・生活の中でイメージを豊かにし、様々な表現を楽しむ。

※新要領・指針からまとめた「資質・能力」「10の姿」のキーワード、「3つの視点」と「5つの領域」のねらい（一部改変）を一覧にしました。幼稚園、保育所、幼保連携型認定こども園は「園」、先生、保育士、保育教諭は「保育者」に統一しています。
※コピーしたりして手元に置き、計画を作成しましょう。日々の保育を振り返り、次の計画に活かしていく際の視点としてください。
※（自分）（健康）等のマークや・・・・・・、---等の線は第4章の月案と対応しています。

8

第1章
指導計画の きほん

この章では、新しい要領・指針の改訂・定のポイントを押さえながら、それらを指導計画に活かしていく方法を解説していきます。「資質・能力」「幼児期の終わりまでに育ってほしい姿（10の姿）」「3つの視点」「5つの領域」など、重要な言葉を押さえましょう。

要領・指針を活かした「子どもの姿ベース」の指導計画 (資質・能力と10の姿)

新しい要領・指針の改訂・定で変更になった点について、ポイントを解説します。
指導計画作成の際に押さえておきたい項目を順番に見ていきます。「資質・能力」や「10の姿」など、新しい言葉が出てきますから、丁寧に説明していきますね。

ポイント2　幼児期の終わりまでに育ってほしい姿

そして、資質・能力の育ちの途中経過として
5歳児後半で現れてくる姿が

ふむ
ふむ

「幼児期の終わりまでに育ってほしい姿」として
具体的にまとめられたのが、これだよ

いわゆる
「10の姿」だね

幼児期の終わりまでに育ってほしい姿（10の姿）

- 健康な心と体
- 自立心
- 協同性
- 道徳性・規範意識の芽生え
- 社会生活との関わり

- 思考力の芽生え
- 自然との関わり・生命尊重
- 数量や図形、標識や文字などへの関心・感覚
- 言葉による伝え合い
- 豊かな感性と表現

5歳児後半で
クラスの子どもたちが
みんなこの姿のように
なっていなければ
ならないということですか？

いやいや、
そうではないんだよ

これ
これ

「10の姿」は「ねらい」に
基づいた保育を行った時に
乳幼児期の活動全体を通して、
資質・能力が伸びていく方向を
示したものなんだ

きれい〜

**5歳児で突然現れるものではなく、
3歳児の姿にも
その芽生えが現れるんだよ**

この姿から各年齢の育ちを
イメージして活動を見直し、
計画に反映させていくんだよ

え〜と

指導計画

遊びを通して子どもたちに、
「気付く」「試す・工夫する」
「やってみたいことに向けて
粘り強く取り組む」
といった姿が見られるようになる

これが「学び」なんだね

そのために環境を準備したり、
活動を計画したりしていくんだよ

はい！

つづく

要領・指針を活かした「子どもの姿ベース」の指導計画（5つの領域と3つの視点）

「資質・能力」と「10の姿」については理解できたでしょうか？　次にこれまでと変わらず大切な「5つの領域」や新しく記述された「1歳以上3歳未満児の5つの領域」「0歳児の3つの視点」についても解説しますよ。とっても大切なのでしっかり理解しましょうね。

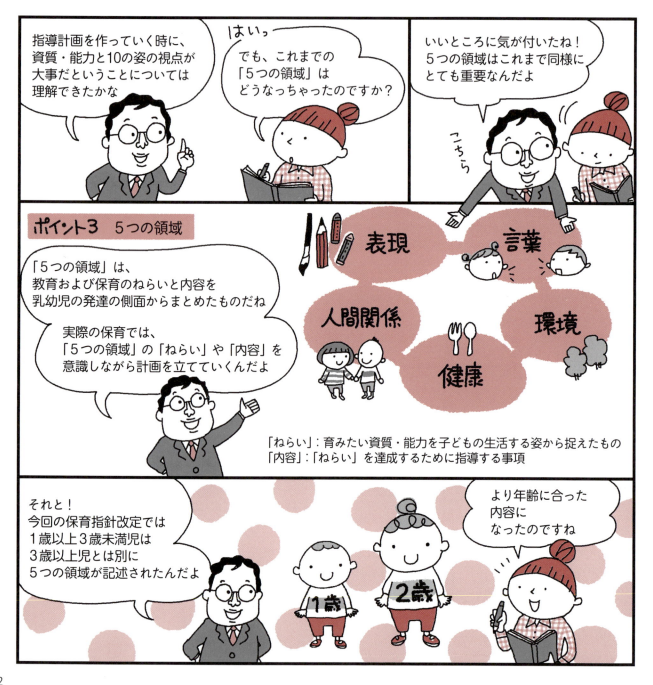

ポイント4　3つの視点

さらに、今回の改定で0歳児では、新しく3つの視点が示されたんだよ

0歳児の計画はこの視点を入れて作るんですね

言葉　表現
身近な人と気持ちが通じ合う
身近なものと関わり感性が育つ
人間関係　環境
健やかに伸び伸びと育つ
健康

このように3歳未満児の保育の記述が充実したのは「子ども・子育て支援新制度」がスタートし、3歳未満児の保育へのニーズが高まったからなんだよ

また、3歳未満児では、養護の視点がとても重要だから、「養護と教育の一体的な展開」がこれまで以上に強調されたんだ

それと、忘れてはならないのは、新教育要領・保育指針でも変わらない「保育の基本」の部分だよ

次のページからは右下の項目を具体的に見ていこう！

はいっ

子どもの主体性を尊重する保育
遊びを通しての総合的な指導
環境を通して行う保育

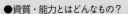

- ●資質・能力とはどんなもの？
- ●指導計画の「ねらい」に「資質・能力」の3つの柱を入れる
- ●「3つの視点」と「5つの領域」で「子どもの姿ベース」の活動を計画（0・1・2歳児）
- ●「10の姿」で「子どもの姿ベース」の活動を計画（3・4・5歳児）
- ●子どもの姿を振り返り、計画につなげるカリキュラムマネジメント
- ●その他の大切なポイント

資質・能力とはどんなもの？
3つの柱は、幼・保・認定こども園に共通

新要領・指針で、幼稚園・保育所・認定こども園共通に示された「資質・能力」の3つの柱は、どのように指導計画に取り入れていけばよいでしょうか？
まずは「資質・能力」とはどのようなものか、具体的な例を参考にしながら解説していきます。

資質・能力は生きる力の基礎！

資質・能力とは3つの柱から成り立ちます（下図）。「知識・技能」「思考力・判断力・表現力等」「学びに向かう力・人間性等」といった、乳幼児期から小中高校まで貫く学力の中核と位置づけられています。乳幼児期はその基礎を育成する時期です。ですから、乳幼児期にふさわしい資質・能力のあり方が求められます。そこで、知識・技能は「気付くこと、できるようになること」、思考力・判断力・表現力等は「考え、試し、工夫し、表現すること」、学びに向かう力・人間性等は、「おもしろく感じ、興味をもったことにかかわろうとして、挑戦し・粘り強く取り組み、また人と協力して1つのことを実現しようとすること」としています。

これらは実際の子どもの活動の中で別々に育つものではありません。例えば、積み木を高く積んでいく時、きちんと積まないとすぐに崩れてしまうと発見するでしょう。また、バランスを取るために試行錯誤しながら工夫するでしょう。そして、最後までやり遂げようと取り組み続けます。

このように、3つの柱は相互に支え合い刺激し合いながら育ちます。これらの資質・能力は1つの活動において同時に見て取ることができますし、それが可能になるように子どもの主体的なあり方を広げていきます。それは、乳幼児期の長い育ちの中で、様々なことに気付き、工夫し、粘り強く取り組む力となっていくでしょう。

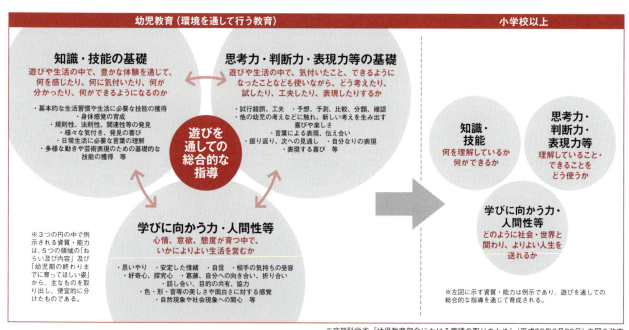

※文部科学省『幼児教育部会における審議の取りまとめ』（平成28年8月26日）の図を改変

知識・技能の基礎

　知識・技能の基礎とは、気付くことやできるようになることです。例えば、1歳の子どもが歩きだし、日々長く歩くだけでなく、坂道を上ったり、階段を上がり下りしたりするようになります。5歳児はスキップや縄跳びを練習してできるようになるでしょう。また周りの環境にある様々なものに出会い、その特徴に気付きます。5歳児が冬、霜柱を見つけて、きれいだと手に取っているうちにその冷たい霜柱が溶けて泥水になり、氷なんだと発見します。Tシャツはひっくり返せば前後を間違えずに着られるとわかり、ウサギは優しく抱っこすればいいんだよ、ということを見つけます。

思考力・判断力・表現力等の基礎

　子どもの考える力が発揮され、伸びることを目指します。小さな子どもが考えるということは、大人のように必死に頭をひねり、言葉を使ってメモを取るということではありません。自分の実現したいことに向けて、どうやればうまくやれるだろうかと試行錯誤しつつ、工夫をし、よいやり方を見つけていくことです。雨樋を使ってどんぐり転がしをする子どもはコースを長くしたい時、雨樋をつなげるだけでなく、それが上から下へと斜めに下がっていくようにしなければなりません。最初はそれがわからず、高低差がなく平らだったりしますが、次第にどんぐりが止まるところに緩やかな傾斜をつける工夫をしていくのです。

学びに向かう力・人間性等

　学びに向かう力の中心は、何かをおもしろいとかすてきだとかと感じ、それにかかわろうとして、作ってみたり、調べたりしてやり遂げようとすることです。やってみたいことに向けて頑張ることです。
　年長児のコマ回しを見て、そのかっこいい姿に憧れて、何度も試していく。どうすれば回るのか、上手な子のやり方を観察してまた試して、ちょっとうまくいく。何日も練習していたら、できるようになった……。このような粘り強い取り組みは、初めにやってみたい思いが強いからこそ生じることです。子どもの姿から多くのすてきなこと、不思議なことを見つけられるようにしていきましょう。

指導計画の「ねらい」に「資質・能力」の3つの柱を入れてみよう!

前頁では、「資質・能力」についての理解が深まりましたね。次に指導計画への具体的な取り入れ方について解説します。「5つの領域」や「3つの視点」から育てたい姿をイメージし、「ねらい」に具体的に「資質・能力」のキーワードを入れ込んでいきましょう。

●「資質・能力」等を指導計画に入れ込む

全体的な計画(教育課程・保育課程)とそれに基づく指導計画を構成する基本は、「5つの領域」と「資質・能力」からなります。そして、3～5歳児では、資質・能力が領域ごとに明確な姿となっていくので、「幼児期の終わりまでに育ってほしい姿(10の姿)」を参考にします(図1)。

●活動で発揮される各領域を考える

まず、要領・指針の5つの領域ごとの「ねらい」と「内容」項目を見て、それがどう育つのかを考えてみましょう。これは改訂・定前のやり方と変わりません。指導計画では様々な活動を年間通して実施していくので、それらの活動ではどの領域が特に発揮されるのかを検討します。保育は総合的であるので、必ず複数の「内容」が関連するはずです。運動遊びだとしても、協同することや話し合い、規則を守ることなども育つはずなのです。

●「月のねらい」に「資質・能力」の3つの柱のキーワードを入れてみる

次に、5つの領域の「内容」へのかかわりにおいて、「資質・能力」の3つの柱のキーワードを使って、資質・能力の育成を考えてみます(8ページ参照)。例えば、「気付く」「工夫する」「粘り強く取り組む」などやそれに近い言い方を、「月のねらい」に入れてみるのです(図2)。そして、そのような子どもの動きが見られるように活動を計画するわけです。それが「資質・能力」を育成する計画になります。そのようにして、「5つの領域」と「資質・能力」が組み合わされます。(なお、乳児では、「5つの領域」の前の段階として「3つの視点」を使います。)

4歳児・5歳児くらいになると、「5つの領域」と「資質・能力」の組み合わせである「幼児期の終わりまでに育ってほしい姿(10の姿)」を意識して、それが育つ活動にはどんなものがあるか、計画している活動でそういう姿が見られやすいようにしてい

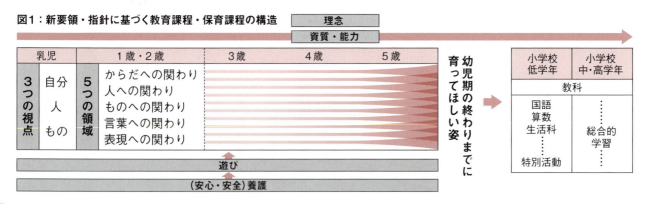

図1:新要領・指針に基づく教育課程・保育課程の構造

図2:「月のねらい」4歳児4月の月案（83ページ）より抜粋

月のねらい	❶ 新しい環境に慣れ、安心して過ごし、園生活を楽しめるようになる。 ❷ 新しい生活の流れを知ろうとし、自分でできることを試そうとする。 ❸ 春の自然とふれ合い、興味をもってかかわる。	健康・安全・食育の配慮

「月のねらい」は、年間指導計画と週案などの短期の計画をつなぎます。週の子どもの動きを見ながら、翌月の計画を修正することもあります。「資質・能力」の育ちが見えるようにしましょう。図2の例では、自然とのふれ合いを楽しむところから何かを見つけたり、園生活を楽しめるようになりながらやってみたいことを目指して工夫が始まったりします。好きなことが生まれ、自分でできることをしようとして、挑戦する姿も出てきます。

るかどうかを検討しましょう。3歳児では「10の姿」の芽生えとして考えます。また、特に5歳児の後半ではそれらの「10の姿」の育成をメインとして、様々な活動を計画します。そこで大事なことは1つの活動が1つの姿に対応するということではなく、1つの活動で「10の姿」のうちのいくつかが関係し、また一連の流れの活動を通していくつもの姿が発揮されるということにあります。

「資質・能力」や「10の姿」の発揮の様子に焦点を当てて、記録を取りましょう。計画した内容や保育者の援助がその発揮を押さえつけていないか振り返り、またよく発揮されている姿がいくつもあるでしょうから、それらを合わせて、子どもの育ちの姿を描き出します。

「月のねらい」から指導計画を作る

「月のねらい」は、短期の指導と長期の指導を結びつけ、子どもの育ちとそのための援助の手立ての全体像を描き出すことが目的です。

そのため、「資質・能力」の3つの柱のキーワードを元に、「5つの領域」の「内容」を含んだ活動を想定して、その活動で子どものどこがどう育つのかを示し、さらにそのための環境構成や活動の導き方や日頃の援助のあり方の方針を記します。

「資質・能力」が発揮され、さらに伸びていくように、その年齢と時期の特徴を考慮して、記述します。

子ども主体の活動となるために大切にしたいこと

「資質・能力」が発揮され、さらに伸びていくためには、子どもがゆとりをもってかかわれる場とすることが何より大切です。すべてを保育者が決めて、いちいちその指示で動くのではなく、多少のヒントや最小限の指示や説明をしながら、子どもが自ら判断し工夫して活動できる余地を残し、その割合を少しずつ増やしていきます。

そのためには特に環境構成が重要になるので、部屋や庭に何を出し、何を使って遊ぶかなど、月単位で考えておきます。活動の結果を活かせるように、計画は随時修正することができる柔軟なものとしておきます。

0・1・2歳児では、子どもの力の育ちを見ながら、それを少しだけ伸ばすことを考え、子どもが見て、やりたくなるように、ほかの子どもの活動が見えるようにしていきましょう。

「3つの視点」と「5つの領域」で「子どもの姿ベース」の活動を計画しよう！
（0・1・2歳児）

環境
周りにあるものに好奇心をもって、かかわっていけるようにします。スプーンと容器のふれる音に気付いて、何度も容器を叩くことをくり返していたので、食後に、棒と遊び用のいろいろな器などを用意して、叩く遊びが始められるようにします。

健康
いろいろなことを自分でやってみることを楽しみます。食事では、使いやすい器やスプーンで食べきれる量を用意し、1人ですくって食べることを見守ります。周りにこぼれてもすぐに拭き取れるようにしておき、食べようとする意欲を大事にします。

人間関係
担当する保育者との応答的な関係が、ほかの大人、さらに子どもへと広がっていきます。自分にしてもらったことをほかの人にもするようになります。大人や年上の子どもの遊ぶ様子を見られるようにして、それを自分でもやれるように環境を整えましょう。

身近な人と気持ちが通じ合う
保育者が子どもを抱っこすると、子どもが安心している様子があります。ふれ合う機会をつくりましょう。子どもと向き合って抱っこして、目と目が合ったらうなずいたり、いないいないばあをしたり、頬にふれたりして、笑顔になるように援助し、声が出るようにしていきます。

健やかに伸び伸びと育つ
おむつを交換すると伸び伸びと気持ちよさそうです。おむつを替える時、目が合うようにして、終わったら、「よかったね」と微笑んでみます。子どもがくつろぎ、ゆったりとした気分だったら、声をかけて、反応を引き出します。

身近なものと関わり感性が育つ
離乳食が始まり、味の違いを感じます。歯ごたえのあるものを混ぜたり、果物のジュースを用意したりします。「つぶしたおイモだよ」のように、まずそれが何であるかを見せて、食べ終わった後も、その名前を言いつつ、お皿に少し残ったところを見せて、気付きを誘います。

0・1・2歳児の活動を「3つの視点」(0歳児) と「5つの領域」(1歳以上3歳未満児) の視点でイメージしてみましょう。目の前の子どもの姿から育てたい姿を描き、それが伸びていくための活動と環境構成・援助を計画します。

言葉

2歳になると、保育者が絵本を読むと簡単な筋なら理解して楽しみます。少人数の子どもへ絵本を読む機会をつくりましょう。子どもが耳で聞きながら、絵をじっくりと眺めて反応できるよう、ゆっくりと子どもの様子を見ながら読んでいきます。

人間関係

おもちゃを取られそうになって相手を叩いてしまう子どもがいます。叩きそうになった時に止め、また泣いている子どもを慰められるよう、保育者は注意します。また、子どもがほかの手立て、特に言葉で意思を伝えるように援助します。見ている子どもが発言できるよう促します。

表現

なぐり書きを始めるようになりました。そこで、筆記具を増やし、クレヨン、色鉛筆、サインペンなどと大きめの紙や色紙をたくさん用意します。描いた後、つぶやきを認めます。子どもの作ったものは保育室にすてきに掲示して、誇りを感じられるようにします。

環境

庭の草花に興味をもって触るようになりました。葉っぱをちぎり取って遊んでいる子どももいます。プランターを増やすことを考えてみましょう。やたらに取ってしまうのではなく、そっと触って感触の違いを感じる姿があります。ダンゴムシなどがどこにいるかなと探します。

表現

水をすくったり、流したりして、砂場に入れる子どももいます。水道のところに小さいバケツを置き、コップやヒシャクなども用意します。たくさん遊んだ後、水色の絵の具を準備しておきましょう。フィンガーペインティングで水の流れを表現します。

「10の姿」で「子どもの姿ベース」の活動を計画しよう！（3・4・5歳児）

自立心

5歳児くらいになると、外に遊びに行こうとして、靴が左右逆になっていることに気付き、直して履くようになります。でも、3歳児はそれに気付きません。確かに左右が逆でも大して困りませんが、次第になんだか履き心地が悪いことに気付きます。そこから、ちゃんと履きたいと思い、靴を履く前に左右の違いを点検します。靴を脱ぐ時も左右を揃えます。

健康な心と体

外遊びから戻ると、汚れている手を丁寧に洗い、泥だらけの服を着替えます。たたんで手提げに入れるのです。健康な生活のための習慣は、初めは保育者が手伝いながら、少しずつなんのためにやるかを伝えます。見通しをもって、やる理由がわかり、そして自らやるようになるという方向を目指します。そしてそこに充実感をもてるとよいのです。

協同性

ごっこ遊びでお店屋さんを始めます。子ども同士が協力して、魚屋さんになるようにセッティングして、ごっこを開始します。どういうものを作ってみたいかを一緒になってイメージし、分担して場を作り、また演じます。互いに話し合い、やり方を決めたり修正したりします。どうしたらよいかなとアイデアを出し合います。

言葉による伝え合い

買い物ごっこをしています。客になる子どもと店の人とが会話を楽しんでやりとりします。ただ「ください」「どうぞ」だけではなく、「こういうのはいかがですか」とか、様々な言い方を工夫します。また、店で作ったものを見て、ごっこを広げています。相手の言ったことに合わせて、伝え合うことに発展しています。

数量や図形、標識や文字などへの関心・感覚

お店屋さんごっこでは、メニューを書いたり、お金を作ったり、それを使って買い物をしたりします。時に字を間違えたり、鏡文字になったりしますが、でもなんとか通じます。ものをいくつ欲しいかと数えたり、お金を10円、100円、1000円と作ることで、正確な理解ではありませんが、0がたくさんつくと大きな数になることを経験します。

資質・能力の育ちの視点を「10の姿」で具体的に捉えて、3・4・5歳児の活動をイメージしてみましょう。
3歳児にも「10の姿」の芽生えを見ることができるでしょう。
目の前の子どもの姿から育てたい姿を描き、それが伸びていくための活動と環境構成・援助を計画します。

道徳性・規範意識の芽生え

年長児が「だるまさんがころんだ」をやっていますが、鬼が振り返る時にだらだらと動いて、遊びが盛り上がりません。そこで担任が入って、まず瞬間的に体の動きを止めるルールを強調しました。すると、子どもたちも鬼が振り返った瞬間にその姿勢のままで停止しました。ルールを守ることが遊びのおもしろさになるのだとわかったのです。

社会生活との関わり

地域との交流は、自分の家庭と園以外のどういう人がどういう暮らしをしているかを知る機会となります。園から外に出て行くことも園に来てもらうこともあります。地域の方々に伝承の技を教えてもらいます。子どもの経験が広がり、地域に住むいろいろな人がたくさんの知恵をもっているのだとわかります。

自然との関わり・生命尊重

草花を使って色水遊びをします。花により、すりつぶす方法もそれぞれにあり、出る色も異なります。どれとどれは混ぜてよいけれど、別なものだと灰色に濁ってしまう、などもわかります。園にあるプランターや花壇の花はどれでも使ってよいけれどムダには使わない、と伝えると、大事に使うようになるでしょう。

思考力の芽生え

雨樋をいくつもつないで水を流します。樋と樋をつなぐ部分を丁寧に重ねないと、そこから水が漏れます。平らでは流れませんが、傾斜が急すぎてもうまくいきません。樋を支える台とその高さも試行錯誤と工夫がいります。水というものの性質に気付き、液体はわずかな隙間で漏れるとか、少しの傾斜でも下に流れるなどを学びます。

豊かな感性と表現

風が吹いてきて、髪の毛や服がはためき、自分もそれに合わせて、くるくると回り、体中で表現します。テープや紙を持ち出して、持ちながら、ダンスをする子もいます。表現し、それを楽しむことには造形・音楽・ダンスなどがありますが、その元は色、形、音、動きそのものにあります。まず感じること、そして表そうとする意欲を援助します。

21

子どもの姿を振り返り、計画につなげる
カリキュラムマネジメント

今回の改訂・定では、「教育課程」「保育課程」は「全体的な計画」となり、幼稚園・保育所・認定こども園で共通になりました。次の保育につなげていくためのカリキュラムの評価・改善について、考えてみましょう。

● カリキュラムマネジメントを進めるために

　園での保育（幼児教育）は全体的な計画に基づき、指導計画を立て、保育を進めます。また、それに続いて、保育の展開がよかったかどうか、記録を取り、その記録を手がかりに保育を見直し、次にはどうすればよいかと新たな計画を立て、保育を実施します。

　さらに長い目で見て、全体的な計画がそれまでのものでよかったかどうかも反省し、少しずつ作り直すことも進めるようにします。

　例えば、以下のような点を考えます。
①計画に無理はなかったか。
②全体的な計画と指導計画につながりがあったか。
③指導計画は子どもの実態に見合っていたか。
④すべてを計画に盛り込むわけではないので、子どもの新たな動きに対応できていたか。
⑤④の動きを指導計画、さらに全体的な計画に入れ込むにはどうすればよいか。

● 園の目標を見据えながら、次の計画につなげましょう

　保育を行うとともに記録を取ることが必要になります。写真1枚でもよいのです。そこから保育をしていた場面の印象が思い出されるでしょう。

　その時だけではなく、その前はどうだったか、その後はどう展開したかまで振り返ると、保育の見直しにつながります。

　一つひとつの保育の援助がうまくいったか、いかないか、ということよりも、流れの中で子どもの力が発揮され、さらに伸びていく条件が生まれていったかどうかが大切です。そのためにも、保育者同士で話し合い、また子どもにも伝え、その子どもなりの考えを聞き出しましょう。保護者にも見せて、時には意見を聞くことも意味があります。理想論より、園としてできることを目一杯活用し、保育の目標に迫れているかどうかが要となります。

計画の活かし方

全体的な計画は、年間を通して園として目指すところを記します。

指導計画は具体的な活動を構想し、園としての目標を実現するとともに、日々の保育の活動を導く目安であり、指針であり、計画です。その計画通りにきちんと実施することは必ずしも求められていません。むしろ、その都度の子どもの実態や動きに合わせて柔軟に変更することが必要です。

でも、だからといって行き当たりばったりで適当にやればよいということではありません。改めて全体的な計画や長期の指導計画に照らして、適切であったかどうかを検討します。

検討するための視点

指導計画の見直しの際の視点として使うものが、「資質・能力」や「5つの領域」、また「幼児期の終わりまでに育ってほしい姿（10の姿）」です。保育の様子を見直す際にそれらの視点から考えてみるのです。例えば、気付いたり、工夫したり、興味をもって粘り強く取り組む様子が出てきていたか、そうでないとしたら子どもが試すゆとりがなかったのか、保育者の指示が一方的すぎたのかなどと考えてみます。

また、「5つの領域」の項目のどれが実現されていたでしょうか。1つの活動の中にいくつもの項目にかかわることが見られるはずなのですが、それを保育者は捉えられていたか。さらに「10の姿」に通じる様子は出てきているか。その際、例えば、「充実感のある活動になっているか」「子どもが見通しをもってかかわっているか」「自らやろうとしているか」などの「10の姿」の各々のポイントに留意します。

日々の会話が
カリキュラムの見直しの始まりに

「主体的・対話的で深い学び」や「体験の多様性や関連性」なども、保育の質を高めていく上で活用できる視点です。

例えば、次のように考えてみます。「自らやりたくてやろうとしているのか」「遊びの発展の見通しが子どもには見えているか」「子ども自身が遊んだことを振り返り、次にどうするかと話し合ったり考えたりする場があるか」「遊びが展開し、次々に広がり、深まっていっているか」「そこで子どもは何を経験し、何に気付き、どこを工夫し、学んだのだろうか」など、子どもの体験が次の活動を呼び起こし、体験と体験がつながり合うことが学びの成立の基本的な条件です。

といっても、毎日、そこまで深く検討し直さなくてはならないということではありません。日々、ごく簡単な記録と保育者の記憶を頼りに、保育者同士、子ども、そして保護者との間の対話を丁寧にしていくのです。

ちょっとした合間に子どもの話題が出て、こんなおもしろいことをした、こういうことって不思議だね、と会話が交わされることが、実はカリキュラムの見直しの始まりなのです。

さらに押さえておきたい！
指導計画のための要領・指針のポイント

新しい要領・指針では、指導計画を作る上で大切な視点がいくつか加わったり、強調されたりしています。それぞれの項目を園で話し合い、確認・検討し、園や地域の特徴に合った「子どもの姿ベース」の計画を柔軟に作っていきましょう！

養護と教育を一体的に行う

　養護とは、「生命の保持」と「情緒の安定」を目指す保育者の援助のことです。これは保育所・認定こども園では教育を可能にする基盤であるので「養護と教育は一体的」と言われています。幼稚園でも「生命の保持」と「情緒の安定」は、別な言い方で同様に重視されています。ただ、特に小さい年齢の子どもや長時間の保育では、一層養護の面への援助が重要になってきます。

　指導計画では、改めて養護のことを保育・教育の全般的な指導と分けて書くのではなく、計画の中で具体的に押さえていくようにします。

　教育として子どもが主体的に生活し、自発的に遊び出すためには、まず生命の安全が確保され、安心してその場にいられ、さらに周りにかかわる余裕がもてることが大切です。そして、生活・遊びを通して力を発揮し、自己肯定感が育っていくようになるのです。ですから、養護的な配慮について、具体的に記しておくようにします。そこから、教育としての保育者の援助とそこで育っていく子どもの資質・能力の発揮される姿を「ねらい」として考え、その実現を図る活動を計画します。

　たとえ乳児であっても同じです。保育者に受容され、応答的な関係が成り立つと、興味が周りに向かい、自分の力を試し、いろいろなこと・ものへの好奇心が生まれ、人とかかわろうとするようになります。その意味で養護は、最も基本となる保育者のかかわりです。同時にそれが教育として発展していくような援助を行っていきましょう。

食の楽しみを感じられるような食育の援助

食事とは生命保持の基本であり、子どもの楽しみでもあります。それは本能であるわけですが、同時に、いろいろな食物を味わい食べる豊かな経験は、大人側の援助があって成り立っていきます。

よく噛むこと、味を感じること、なんでも美味しいと食べられること、同時に周りの人と楽しく一緒に食事をできることなど、乳幼児期全体を通して育っていくのです。まさに養護と教育が一体的なのです。

災害への備え

災害はいつ起こるかわからないものです。日頃から施設などの点検が欠かせません。

いざとなると全部を保育者が導けるとも限らないので、子どもと共にくり返し避難訓練をして、習慣づけます。また、災害への備えの必要性については保護者にも伝え、保護者が加わった訓練も行います。

関係する自治体や地域とのつながりも必要になります。保育者が様々な事例に学びつつ、マニュアルを検討し、子どもにも伝えましょう。

一人ひとりへの特別支援教育

障害などのある子どもへの援助は、個別の指導計画を基本とします。障害の種類や年齢や個性、また活動の様態に応じて、ほかの子どもと一緒に活動したり、小グループだったり、1人ずつだったりと、柔軟に計画を立てます。

こういう援助がよいとは一律には言えないので、家庭や地域の施設や専門家などとも相談して、支援の全般を考えつつ、園での個別の指導の方針を立てます。

保護者と子どもの育ちを喜び合う子育て支援

　保育そのものが保護者の子育てを助けるのですが、園での子どもの様子や育ちを伝えて、園での保育に対する保護者の理解を増していくことで、信頼をもってもらえるようになります。また同時に、家庭での子育ての参考にしてもらえるでしょう。

　子育てへの助言などを行う際には、送り迎えの時や保育の参観・参加、面談などで行い、相互のコミュニケーションに基づき、保護者の子育てへの自己決定の参考になるよう配慮します。

預かり保育

　園での一時保育や幼稚園などでの預かり保育は、通常の保育では満たせない様々なニーズに応えるために発展してきました。

　幼稚園では教育課程外の教育活動と位置づけられています。正規の保育での教育とは異なるのですが、広い意味での教育なのです。

　日々、構成メンバーや人数や時間などが異なることもあるので、ゆったりと休めることを基本とした上で、活動を計画します。柔軟な対応が大事です。

小学校との連携・接続

　保育（幼児教育）は小学校教育へとつながっていきつつ、乳幼児期にふさわしい教育を行い、人生の土台を築く時期です。

　特に年長の終わり頃には、「幼児期の終わりまでに育ってほしい姿」の育成を意識して行い、その具体的な育ちの様子を小学校へ伝えます。

　小学校ではそれを受けて、幼児期に育った資質・能力をさらに伸ばし、小学校の教科などの授業へと発展させていくのです。

第2章
これからの指導計画

「子どもの姿ベース」の指導計画を作っていくための具体的なポイントを紹介します。計画は必ずその通りにしなければならないものではありません。子どもの姿をよく見ながら、柔軟な計画となるよう、記録・環境構成・評価・振り返りなどを進めていきましょう。

「子どもの姿ベース」の指導計画のために
～なぜ指導計画が必要なの？

指導計画はなぜ作らなければならないのでしょうか？ 子どもの姿を読み取り、子どもの興味・関心から計画を作り、柔軟に展開していくためには、どんなことに注意していけばよいでしょうか？ 大切なポイントを一緒に見ていきましょう！

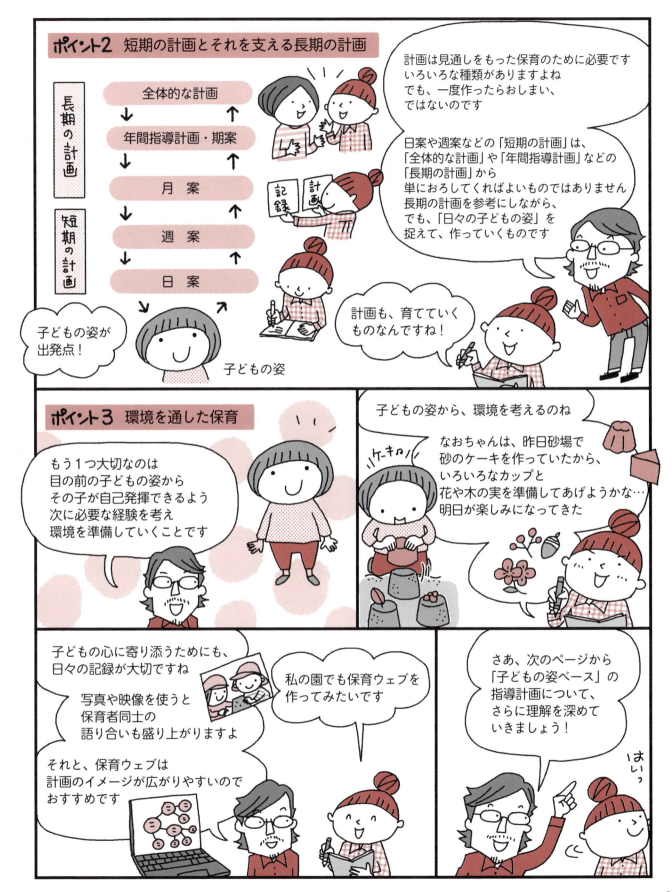

「子どもの姿ベース」から生まれる計画の具体的な展開

前頁では、「子ども姿ベース」で作る指導計画の大切さをお話ししました。ここでは、実践事例を取り上げながら、子どもの姿から計画が生まれ、またそれが短期の計画から中長期の計画にもつながっていくことを説明します。白百合愛児園の3歳児のパン屋さんの事例です。

❶ 今日の子どもの姿から明日の予想
（日々の記録から計画へ）

折り紙でメロンパン作ったよ！

ある日、保育室に出ている折り紙でケンタくんがメロンパンをたくさん作ったよ。ケンタくんは大満足。ほかの子たちも、折り紙のメロンパンにとても興味をもち、同じように作る子も出てきたんだ。今日は、パンの話題でもちきり。

子どもの姿ベースの計画は、このような**子どものちょっとした興味・関心から始まるんだ**。だから、簡単でいいので、**今日の姿のメモや写真などの記録をとっておこう**。その姿を振り返って、明日、どのような環境を出したら、子どもの遊びが豊かになるかを考えてみよう。

先生は、「明日、折り紙でのパン作りがもっと広がるかな？」と考えたり、「粘土にも関心があるから粘土からパン作りにもつながるかな？」って考えたりしたよ。そこで、折り紙のコーナーや、粘土のコーナーに麺棒なども出しておいたんだ。それから、絵本コーナーにはパン屋さんの絵本も。すると、粘土のパン屋さんが大盛り上がり。

折り紙でメロンパン作り。

❷ 遊びの広がりを予想しよう
（週の計画－週日案へ）

粘土で本物みたいなパンにしたい！

子どもの遊びがおもしろくなってきたら、**子どもの興味・関心から、次の展開も考えてみよう**。でも、それはあくまでも予想だよ。子どもの遊びはいろいろな広がり方があることを考えておこうね。保育者の計画通りに進めていくことがよい保育ではないんだ。大事なのは、子どもの興味・関心。こういう時、**保育ウェブが役立つよ**（具体的な書き方は38～40ページを参照）。今週、パンの遊びがどんなふうに広がる可能性があるか、想像してみてほしいな。

ケンタくんのメロンパンから広がったパンの活動。クラスの多くの子が興味をもち始め、今度はオーブンで焼いてみたいって声も出てきたよ。粘土だから、本当には焼けないけど段ボールのオーブンで焼くつもりになる子も出てきた。それから、絵本を見たら、パンを焼く前にタマゴを塗ってる絵を発見。自分たちもやってみたい。そこで、先生が絵の具を出してあげたら、大盛り上がり。

週の計画は、ある程度ポイントさえ押さえていれば、おおざっぱに考えておいていいんだ。そして、実際の子どもの姿を後からそこに書き込んでもいいね。**これが、後付けの計画**。こうすると、計画は生きた計画になっていくんだ。

粘土のパン屋さん。

オーブンで焼こう。

「ぱんやさんごっこ」の保育ウェブ。

さあ、みんなでパン屋さんへお買い物。

さつまいもクッキング。上手につぶせるかな。

③ 月案会議で翌月の姿を考えてみよう
（年間指導計画や「10の姿」の活用）

パン屋さんの盛り上がりへ

　パン作りはその後、「小さい子にもパンあげたいな」の声からお店屋さん作りになっていったよ。さあ、そこで先生たち、翌月に向けての月案会議で今後の展開予想を話し合ったんだ。その中で、「本物のパン屋さん見に行ったら、どうなるかな？」という声がある先生からあがったよ。期に一度くらい、「10の姿」に照らして子どもの姿を振り返る中で、「地域とのかかわり」も意識したいねって話し合ってたから、「いいね」ってなったよ。また、さつまいも掘りの行事も年間計画で予定されているから、「さつまいももパン屋さんとつながるといいね」って話し合われたんだ。
　このように、あくまでも子どもの興味・関心がベースになりながら、行事などの年間計画と照らし合わせてみたり、年間に何回かは「10の姿」を通して子どもの学びを振り返って、照らし合わせて考えたりすることも、とても役立つね。

④ 写真を使った見える化
（子どもや保護者と共有）

写真による発信が
保育のデザインに活かされる

　このパン屋さんの事例では、写真を使った記録（ポートフォリオやドキュメンテーション）も活かされたよ。この園では、子どもの姿や育ちのプロセスを日々、写真に撮って発信しているんだ。
　子どもたちも自由に、ファイルされたポートフォリオを見られるんだ。だから、子どもたちは、「昨日のこれ、おもしろかったね。今日はこうしようよ」と自分たちのやっていることを振り返り、味わい、今日の遊びにもつながるんだね。まさに、このポートフォリオが遊びの環境にもなっているんだ。
　そして、この記録は保護者にも掲示されるので、保護者にも子どもたちの遊びの豊かさや学びのプロセスが伝わるね。そして、家庭でもそのことが話されたり、「家からこれ持たせました」なんてこともあったりするんだって。こうした写真を通した記録の発信は、家庭をも巻き込んでいくことにつながるね。

昨日のこれ、おもしろかったね！

お母さんにポートフォリオの内容を説明するよ。

「子どもの姿ベース」の環境デザインのポイント（0・1・2歳児）

温かく落ち着いた環境

0歳から入園した子どもも安心して過ごせる環境をつくりましょう。子どもたちが長時間過ごす場所は温かく落ち着いた家庭的な雰囲気の場としたいものですね。オーガンジーの天蓋で天井を低くしたり、観葉植物を置いたりしてみましょう。床にはカーペットや畳を敷き、クッションなどもあるとくつろげるでしょう。そして何より、保育者の温かな援助が大切です。

感性を育む環境

子どもたちの感性はとても豊かです。子どもの五感に働きかけ、子どもが興味をもってかかわれる環境を意識しましょう。光、影、匂い、色、音、様々な手触りの素材など、たくさんの不思議と出会える環境となるといいですね。

なりきって遊べる環境

ごっこ遊びで大事なのは、なりきって遊べることです。家庭と同じような道具を準備してあげましょう。食事にかかわる道具、役割になりきれる衣装や人形、見立て遊びができる素材や道具など、実際の生活をイメージしながら、子どもの興味に応じて準備してあげたいですね。子ども自身が手作りするという視点も大事です。

じっくり絵本が読める環境

くつろげる場をつくり、じっくり絵本を読めるようにしましょう。保育者がひざに抱いて絵本を読んであげることで、子どもとのふれ合いの時間が生まれます。この年齢の子どもが手に取りやすいように、厳選した絵本を表紙や中のページが見えるように配列しましょう。お気に入りの絵本から次の遊びが生まれることもあります。

手や頭の動きを促す環境

構成遊びができる環境をデザインしましょう。市販の積み木やパズル、手作りのぽっとん落としなど、手指を使う遊びが楽しくなってくる頃です。少人数でじっくりと遊べるよう、棚で空間を仕切るなど、工夫してみましょう。子どもたちが自分で取り出して、片付けられるよう、おもちゃはゆったりと配置しましょう。

「子どもの姿ベース」の指導計画を考えていく上で、環境構成はとても重要です。
子どもたちが思い切り遊び込めて、学びにもつながっていくような環境はどのようにデザインしていけばよいでしょうか。0・1・2歳児の環境構成のポイントを紹介します。

室内でも体を動かせる環境

この年齢の子どもたちには、室内で安全に体を動かして遊べるスペースが大切です。ハイハイからつかまり立ちになる時期に、つかまることができる柵や遊具があるといいですね。さらに歩くことが楽しくなる時期には登ったり、降りたり、くぐったりできるような少し段差のある環境をデザインしていきましょう。

やりたい気持ちに応える環境

絵の具や粘土の感触を楽しむうちに、子ども自ら何かを表現したい気持ちになるような環境を整えたいですね。子どもたちが手がけた作品は額に入れて飾りましょう。きっと誇らしい気持ちになって、また別のことを表現しようと思うでしょう。無理にではなく、子どもの姿をよく見ながら、やりたい気持ちに応える環境をつくっていくことが大切です。

センスが感じられる環境

保育室は子どもたちの生活の場ですから、家庭と同じようにセンスのよい落ち着く環境にしたいものです。子どもたちの活動写真や作品、子どもたちが散歩で拾ってきた「宝物」などを壁や棚にすてきにディスプレイしてみましょう。また、天井から手作りのモビールを下げたり、オブジェを飾ってみたりしてもいいですね。

多様な動きが保障できる環境

安全な場所でたっぷり体を動かせるような園庭の環境を考えてみましょう。木の枝にぶらさがったり、築山に上ったり、溝を跳び越えてみたりなど、多様な動きができるといいですね。特別な遊具が必要なわけではなく、起伏のある場所を歩くだけでも楽しめる年齢です。安全面に十分配慮しながら、運動や探索ができるようにしていきましょう。

いろいろな自然とふれ合える環境

砂場遊びや泥んこ遊びも思い切りさせてあげたいですね。0・1・2歳児専用の砂場がなくても、大きい子どもと時間を分けて遊ばせるなど、安心して遊べる場を考えましょう。砂場にシャベルやカップなどを準備します。子どもは泥んこ遊びが大好きです。汚れを気にせず、たっぷり感触を味わえるとよいですね。

「子どもの姿ベース」の環境デザインのポイント（3・4・5歳児）

子どもの作品を大切に掲示した環境

子どもたちが作ったものは、額に入れたり、色画用紙を台紙にしたりして、保育室や廊下にきれいに飾ります。作った子どもが誇らしく感じられるだけでなく、それを見た別の子どももヒントを得て、自分もやってみたいと感じることでしょう。掲示の仕方は保育者のセンスの見せ所です。作品展だけが子どもの作品を発表する機会ではありません。保護者にも日常的に子どもたちのすてきな作品を見てもらえるといいですね。

イメージを形にできる環境

子ども主体で製作できる環境づくりを考えてみましょう。子どもたちがイメージしたことをいつでも形にしていけるような、素材、材料、道具、空間を整えていきましょう。3・4・5歳児では、複数の子どもたちが協同して大きな造形物を作る機会も増えるでしょう。保育室に広い場所を取り、継続的に遊びが発展していくような場とするとよいですね。また、子ども向けの絵本や図鑑だけではなく、大人向けの実用書や道具を準備しても、活動が広がるでしょう。

知的好奇心に応える環境

子どもの興味・関心から、探究遊びへと発展していくことが増える年齢です。例えば、香りへの興味から、いろいろな果物の香りを比べてみたり、よい香りのする花をすりつぶして香水を作ろうとしてみたりします。様々な香辛料を準備すれば、珍しいスパイスを通して、世界の国の食文化にもふれることができるでしょう。子どもたちの知的な興味が広がっていくように、「5つの領域」や「10の姿」も視野に入れ、子どもの声を聞きながら環境を考えていきましょう。

テーマ性のある遊びができる環境

ままごとコーナーにとどまらず、いろいろなごっこ遊びへと展開していく時期です。お店屋さんごっこ、美容室ごっこ、電車ごっこ、病院ごっこなど、子どもたちのやりたい気持ちを叶えられるよう、材料や素材、道具を整えましょう。活動がイメージできるよう、お店の人が働いている写真やメニューを掲示し、チラシやカタログなども準備するとよいですね。一方で、大切なのは子どもが主体的に考え、選んだり工夫したりできるような環境としていくことです。子どもの姿をよく見ながら、出すタイミングも考えましょう。

「子どもの姿ベース」の指導計画を考えていく上で、環境構成はとても重要です。
子どもの主体性を大事に、意欲や探究を深められるような環境を考えていきましょう。
3・4・5歳児の環境構成のポイントを紹介します。

知識と出会う絵本の環境

時期ごとに、子どもの興味・関心に合わせていろいろな絵本や図鑑を棚に並べましょう。友だちと一緒に絵本を見る機会も増えてきます。落ち着いて複数で読書できる場を工夫しましょう。テーブルもあると、そこで絵本をもとに絵を描いたり製作が始まることもあります。子どもの好奇心を引き出す様々な絵本を準備しましょう。

試行錯誤ができる環境

3歳以上児では、大掛かりな構成物をつくることも増えてきます。十分な種類、量の積み木やブロックを準備しましょう。また、じっくり取り組めるように、広めのスペースを取り、棚などで仕切ります。完成したものは写真に撮っておき、掲示すると、ほかの子どもにもよい刺激になるでしょう。

対話ができる環境

遊びが協同的な学びになっていくために、子どもたちが対話する機会が必要です。今好きな遊び、興味のあるものなどを発表する時間をつくりましょう。クラスの子どもがどんなことに興味をもっているか互いに知り合うことで、集団での遊びにつながっていきます。

水や砂でダイナミックに遊べる環境

砂場での遊びもよりダイナミックになってきます。大きなシャベルやいろいろな道具を種類別に準備しましょう。樋やパイプなども自由に使えるように置き、子どものやりたい気持ちを引き出します。時には保育者自ら遊びに加わることでも、子どもたちが主体的に遊びを展開させるヒントになります。

自然とかかわる環境

子どもたちがごっこ遊びや色水遊びに使うことができるいろいろな草花や果樹を園庭に植えてみましょう。また、一人ひとりの運動能力に応じてチャレンジできるような、丸太でできたアスレチックや木登りができる木などもあるとよいですね。保育者は危険箇所については十分チェックし、見守りましょう。

安全・安心な環境と保育のチェックリスト
～事故や感染症を防ぐために

監修：猪熊弘子（名寄市立大学特命教授）

プール
- [ ] 柵・床が破損していたり滑ったりしない
- [ ] 水をためたり、排水がスムース
- [ ] プール内外がきちんと清掃されている
- [ ] プール内外に危険なもの・不要なものが置かれていない

注意点
- [ ] 監視者は監視に専念する
- [ ] 監視エリア全域をくまなく監視する
- [ ] 動かない子どもや不自然な動きをしている子どもを見つける
- [ ] 規則的に目線を動かしながら監視する
- [ ] 十分な監視体制の確保ができない場合、プール活動の中止も選択肢とする
- [ ] 時間的な余裕をもってプール活動を行う

- [ ] 遊離残留塩素濃度が0.4～1.0mg/Lに保たれるよう毎時間水質検査を行い、適切に消毒する
- [ ] 低年齢児が利用する簡易ミニプールも塩素消毒を行う
- [ ] 排泄が自立していない乳幼児には、個別のタライを利用する等他者と水を共有しないよう配慮する
- [ ] プール遊びの前後にはシャワー等で汗等の汚れを落とし、お尻洗いも行う

正門
- [ ] スムースに開閉する
- [ ] ストッパーがついている
- [ ] 鍵がきちんとかかる
- [ ] 子どもが1人で開けられないようになっている
- [ ] 外部から不審者が入れないように工夫してある

砂場
- [ ] 砂場に石・ガラス片・釘など先の尖ったものや危険なものが混ざっていないようにチェックしている

- [ ] 猫の糞便等による寄生虫、大腸菌等で汚染されないよう衛生管理に気をつける
- [ ] 遊んだ後は石けんを用いて流水でしっかりと手洗いを行う
- [ ] 猫等が入らないような構造にし、夜間はシートで覆う等工夫する
- [ ] 動物の糞便、尿等を発見した場合は速やかに除去する
- [ ] 定期的に掘り起こして砂全体を日光消毒する

乳児室

睡眠
- [ ] 必ず仰向けに寝かせ、子どもだけにしない
- [ ] やわらかい布団やぬいぐるみ等を使用しない
- [ ] ヒモ状のものを置かない
- [ ] 口の中に異物やミルク・食べたもの等の嘔吐物がないか確認する
- [ ] 5分おきなど定期的に子どもの呼吸・体位、睡眠状態を点検し、仰向けに直す

おもちゃ（誤嚥）
- [ ] 口に入れると窒息の可能性がある大きさ、形状のおもちゃや物は乳児のいる室内に置かない
- [ ] 手先を使う遊びには部品が外れない工夫をして使用する
- [ ] 子どもが身につけているもので誤嚥につながるもの（髪ゴムの飾り、キーホルダー、ビー玉やスーパーボールなど）は、保護者を含めた協力を求める
- [ ] 窒息の危険性があるおもちゃ等は保育者間で情報共有して除去する

寝具
- [ ] 衛生的な寝具を使う。尿や糞便、嘔吐物等で汚れた時は消毒する
- [ ] 布団カバーをかけ、布団カバーは定期的に洗濯する

おもちゃ
- [ ] 直接口にふれる乳児の遊具は、使った後、毎回湯等で洗い、干す
- [ ] 定期的に消毒する
- [ ] 午前・午後で遊具を交換する
- [ ] 適宜、水（湯）洗い・水（湯）拭きをする

調乳室
- [ ] 部屋を清潔に保ち、調乳時には清潔なエプロン等を着用する
- [ ] 調乳器具は、適切な消毒を行い、衛生的に保管する
- [ ] 乳児用調製粉乳は、70度以上のお湯で調乳する。調乳後2時間以上経ったミルクは廃棄する
- [ ] 調乳マニュアルを作成し、実行する
- [ ] 冷凍母乳等を扱う時は衛生管理を徹底する。保管容器には名前を明記し、他児に誤って飲ませないように十分注意する

おむつ交換室
- [ ] 糞便処理の手順を職員間で徹底
- [ ] おむつ交換はプライバシーにも配慮し、手洗い場や食事をする場等と交差しない一定の場所で行う
- [ ] おむつの排便処理の際には使い捨て手袋を着用する
- [ ] 下痢便時のおむつ交換は使い捨てのおむつ交換シートを敷く
- [ ] 特に便処理後は、石けんを用いて流水でしっかりと手洗いをする
- [ ] 交換後のおむつはビニール袋に密閉した後に蓋付き容器等に保管する
- [ ] 交換後のおむつの保管場所を消毒する

保育室（食事・おやつ）

食物アレルギー
- [ ] アレルギーがある場合、保護者から申し出てもらう
- [ ] 食物の除去は完全除去を基本とする
- [ ] 家庭で摂ったことのないものは与えない
- [ ] 食後に子どもがぐったりしている場合、アナフィラキシーショックの可能性を疑い、必要に応じて救急搬送を行う
- [ ] 除去食、代替食の提供の際は、献立、調理、配膳、食事の提供という一連の行動においてどこで人的エラーが起きても誤食につながることに注意する
- [ ] 人的エラーを減らす方法をマニュアル化する

※「保育所における感染症対策ガイドライン（2018年改訂版）厚生労働省 2018（平成30）年3月」、「教育・保育施設等における事故防止及び事故発生時の対応のためのガイドライン【事故防止のための取組み】～施設・事業者向け～（平成28年3月）」（厚生労働省）を参考に作成。各園の状況に合わせて取り組んでください。イラストはイメージです。

子どもたちが日々遊びに集中できるようにするためにも、安全・安心に過ごせる環境はとっても大切です。保育環境の安全面のスペシャリスト、猪熊弘子先生に監修していただきました。ポイントを押さえて保健・安全計画にも反映させ、事故や感染症の発生を防止しましょう！

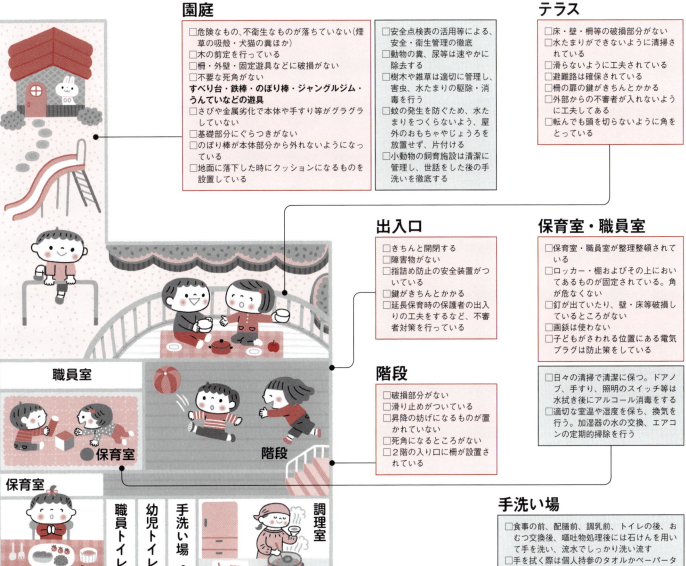

園庭

- □ 危険なもの、不衛生なものが落ちていない（煙草の吸殻・犬猫の糞ほか）
- □ 木の剪定を行っている
- □ 柵・外壁・固定遊具などに破損がない
- □ 不要な死角がない

すべり台・鉄棒・のぼり棒・ジャングルジム・うんていなどの遊具

- □ さびや金属劣化で本体や手すり等がグラグラしていない
- □ 基礎部分にぐらつきがない
- □ のぼり棒が本体部分から外れないようになっている
- □ 地面に落下した時にクッションになるものを設置している

- □ 安全点検表の活用等による、安全・衛生管理の徹底
- □ 動物の糞、尿等は速やかに除去する
- □ 樹木や雑草は適切に管理し、害虫、水たまりの駆除・消毒を行う
- □ 蚊の発生を防ぐため、水たまりをつくらないよう、屋外のおもちゃやじょうろを放置せず、片付ける
- □ 小動物の飼育施設は清潔に管理し、世話をした後の手洗いを徹底する

テラス

- □ 床・壁・柵等の破損部分がない
- □ 水たまりができないように清掃されている
- □ 滑らないように工夫されている
- □ 避難路は確保されている
- □ 柵の扉の鍵がきちんとかかる
- □ 外部からの不審者が入れないように工夫してある
- □ 転んでも頭を切らないように角をとっている

出入口

- □ きちんと開閉する
- □ 障害物がない
- □ 指詰め防止の安全装置がついている
- □ 鍵がきちんとかかる
- □ 延長保育時の保護者の出入りの工夫をするなど、不審者対策を行っている

保育室・職員室

- □ 保育室・職員室が整理整頓されている
- □ ロッカー・棚およびその上においてあるものが固定されている。角が危なくない
- □ 釘が出ていたり、壁・床等破損しているところがない
- □ 画鋲は使わない
- □ 子どもがさわれる位置にある電気プラグは防止策をしている

- □ 日々の清掃で清潔に保つ。ドアノブ、手すり、照明のスイッチ等は水拭き後にアルコール消毒をする
- □ 適切な室温や湿度を保ち、換気を行う。加湿器の水の交換、エアコンの定期的掃除を行う

階段

- □ 破損部分がない
- □ 滑り止めがついている
- □ 昇降の妨げになるものが置かれていない
- □ 死角になるところがない
- □ 2階の入り口に柵が設置されている

手洗い場

- □ 食事の前、配膳前、調乳前、トイレの後、おむつ交換後、嘔吐物処理後には石けんを用いて手を洗い、流水でしっかり洗い流す
- □ 手を拭く際は個人持参のタオルかペーパータオルを使い、タオルの共用はしない
- □ 個人用のタオルは他者のタオルと密着しないようにタオル掛けにかける
- □ 固形石けんは保管時に不潔になりやすいので気をつける
- □ 液体石けんの中身の詰め替えは、中身を使い切り、容器をよく洗って乾燥させてから行う

誤嚥

- □ ゆっくり落ち着いて食べることができるよう子どもの意志に合ったタイミングで与える
- □ 子どもの口の大きさに合った量で与える
- □ 食べ物を飲み込んだことを確認する
- □ 汁物などの水分を適切に与えながら食べさせる
- □ 食事の提供中に驚かせない
- □ 床に足がつくように椅子の高さを調整し、食事中に眠くなっていないか注意する
- □ 正しく座っているか注意する

- □ 食事のたびにテーブルは清潔な台ふきんで水（湯）拭きする
- □ 衛生的な配膳・下膳を心がける
- □ スプーンやコップ等の食器は共用しない
- □ 食後は食べこぼしのないようテーブル、床等を清掃する

歯ブラシ

- □ 歯ブラシは個人専用とし、保管時は他児のものと接触させない
- □ 歯ブラシは水ですすぎ、ブラシを上にして乾燥させ清潔な場所で保管する

トイレ

- □ 日々の清掃、消毒で清潔に保つ（便器、汚物槽、ドア、ドアノブ、蛇口や水回り、床、窓、棚、トイレ用サンダル等）
- □ ドアノブ、手すり、照明のスイッチ等は水拭きの後に消毒を行う

※図中の赤色の囲みは安全面、灰色の囲みは保健面のポイントです。

子どもが主役の指導計画を作ろう！
～保育ウェブを活用した柔軟な指導計画

子どもの興味・関心からスタートして、子どもの遊びが豊かに深まるために、様々な予測の仕方があります。その中の1つとして、「保育ウェブ」の取り入れ方を世田谷仁慈保幼園園長の佐伯絵美先生に教えてもらいます。「ウェブ」とは網の目のことです。「子どもの姿ベース」という視点を大切に、くり返し作ってみましょう！

なんのために保育ウェブを作るの？

子どもの具体的な興味・関心の姿を捉え、その姿をもとに保育をデザインしていくためです

目的は2つあります。1つは、「子どもの具体的な興味・関心の姿を捉えるため」で、もう1つは、「保育ウェブで捉えた子どもの姿をもとに保育を作っていくため」です。そして、保育ウェブから整理された子どもの姿、興味・関心を柔軟に月や週・日の計画に反映させていきます。

保育ウェブの作り方を教えて！

① 一人ひとりの子どもの姿を語り合い、キーワードを紙の中心に書きます

まずは年度の当初、子ども一人ひとりについて、日々の記録（日誌、ドキュメンテーション、ポートフォリオなど）をもとに話し合います。月1回、2時間くらいかけて、子どもが今何に興味があるのか、どんな遊びが盛り上がっているのかなどを共有します。

次に、それらを項目分けしてキーワードごとにくくります。そうすることで、クラスでの興味・関心や盛り上がっていることが整理されてくるのです。このキーワードを紙の中心に書いて、保育ウェブを作成します。例えば、あるクラスでは、「世界の国々」「鳥」「氷」「造形」といったキーワードが出ました。

② キーワードの周りに、「実際の活動」と「予想」を書き込んでいきます

それぞれのキーワードの周りに、今、そのテーマで実際に子どもたちがしている活動を書き込んでいきます。また、その姿を踏まえながら、これから起きてきそうな活動を予想し、さらに必要になりそうな環境を書き込んでいきます。この時大切なのは、必ず複数の保育者で取り組むことです。

③ 作った保育ウェブを頭に置いて保育を行います

保育ウェブは活動の可能性を示しています。保育ウェブを頭に置いて保育を行い、子どもたちをよく観察します。実際には保育者の予想通りに行かないこともあります。そんな時は、じゃあ子どもたちはどこの部分をおもしろがっているのだろうと振り返ってみます。そして、別の視点からまた活動を予想して、子どもが本当に求めているのは何かと考えていくのです。

例えば、最近よもぎに興味があるみたいだから、図鑑やよもぎ団子の作り方の書いてある絵本を準備してみた。けれど、あまり盛り上がっていない、といった場合です。その時、別の保育者の視点も大事になります。もう1人の担任の「団子作りはあまり興味がないみたいね。子どもたちはよもぎをすり潰して色水を作っていたよ」という言葉から気付きを得て、すり鉢やすり棒を準備したところ、翌日は爆発的に色水遊びが盛り上がった、そんなこともあります。

④ 振り返り、また予想して、計画に反映させていくことが大切です

遊びが盛り上がらないようなら、予想に固執しないで、柔軟に計画を変更していきます。客観的に見るためにも、園長や主任が冷静な目線で、保育者の予想と実際の子どもの興味のズレを伝えるといったこともとても大切ですね。

一生懸命予想しても、初めのうちはなかなか子どもたちの遊びが盛り上がらないこともあります。でも、保育ウェブ作りを何度もくり返していくうちに、子どもの姿が見えてくるようになり、子どもの思いに沿った予想ができるようになっていきます。子どもたちと一緒に作っていく計画になっていくのです。

くり返しが大切！

※中長期の振り返りでは、資質・能力、5つの領域、10の姿などを視点として使ってみる

実践事例 ワールドカップから世界の料理へ （3・4・5歳児クラス）

はじまりは…
クラスのAくんがハワイ旅行に行ったことをきっかけに、担任が「外国」というキーワードを保育ウェブに書き加えた。

7月10日
保育ウェブの端っこにあった「外国」。

あれれ？でもあんまり盛り上がらないな…

同時期にワールドカップ開催
「社会ともつながってほしいな」(担任の願い)。保育室に新聞記事を貼る。

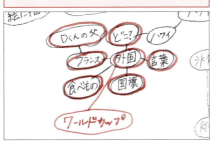

「ワールドカップ」が赤字で付け足された。

子どもたちの間でワールドカップの話題が盛り上がる。

世界の国に関する情報が集まりだす
Bちゃんが世界の食べ物や民族衣装などの文化について語りだした。海外出張の多いお父さんから聞いたようだ。

ほかにも…
- 担任が準備した国旗の塗り絵が盛り上がる。
- 国旗絵本、世界地図絵本、カードゲームなどを子どもたちが家から持ち寄る。
- アイロンビーズで作った国旗と人形を使って、「日本vsロシア」のサッカー試合をして遊ぶ。

外国の食べ物ってどんなもの？
世界の食べ物にも関心が生まれ、毎日昼食時に「これはどこの国のごはんかな？」と考えるようになる。

子どもたちの盛り上がりを反映させて、「世界の国々」を中心とした保育ウェブ。その中の「食べ物」に子どもの関心が集まった。

8月7日

クラスのタイ料理への関心が高まる！
保育ウェブには赤字で「タイのご飯を作る」が書き加えられた。

Cちゃんが家族でタイ旅行へ
みんなに依頼されて、タイの食べ物の写真を撮影した。子どもたちもタイ料理を食べてみたいという思いが生まれ、図書館でタイ料理のレシピを借りてくる。

カオマンガイを作りたい！
自分たちで調べたレシピでカオマンガイを作ることに。スーパーに買い出しに行き、材料を集める。

9月20日
「タイ」を中心としたウェブが作られ、「カオマンガイ」が書き込まれた。

興味の一歩先をねらった行事

子どもの興味をもとに、一歩先の遊びを体験するための行事、「ワールド・カフェ」を企画。保護者がロシア、ベトナム、インドの人に扮し、食べ物や飲み物をいただきながら、異国文化にふれた。

＞こんなことへも発展！

パスポートを示して入国審査をしてからカフェに入る。外国人役の保護者は子どもを英語で案内する。

ワールド・カフェでの体験が、次につながっていく

保育室をレストランのようにして、カオマンガイを食べたいという声があがった。タイのレストランをイメージした飾りを作る。

（左上）レシピを自分たちでわかりやすく書き変えた。（左下）みんなでカオマンガイ作り。（右）できた料理を運ぶ。本物のお店のように「案内する人」「オーダーをとる人」「料理を運ぶ人」などを分担。

この後も、レストランごっこへと発展していき、子どもたちの思いを反映させた活動が展開していった。

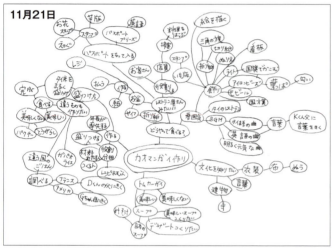

11月21日

「カオマンガイ作り」を中心にして新しく作られた保育ウェブ。

3歳未満児クラスでの事例（1歳児クラス）

11月のイベントで「おやじの会」が「おやじライブ」をしてくれた。子どもたちが作った楽器やポリバケツを使った演奏に、本物のギター、クラリネットの音を融合させた演奏とダンス・歌に子どもたちは大盛り上がり！

0・1・2歳児は一人ひとりのポートフォリオをもとに毎月の話し合いを行う。「おやじのライブ」後、子どもたちはポリバケツの太鼓を叩いたり、ラップフィルムの芯をクラリネットに見立て演奏したり。ダンスや歌にも熱が入った。

「おやじライブ」の振り付けを担当した、ダンス講師のお父さんから、子どもたちとダンスを楽しむ日を設けてはどうかと提案があり、日程や内容を検討中。

担任が作成したドキュメンテーション。

「おやじライブ」をきっかけに、表現遊びの活動が広がっている。

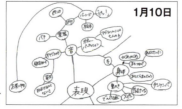

1月10日

> 「子ども姿ベース」の計画を作るために、保育ウェブという方法が有効です。今、子どもがダンゴムシに興味をもっているとするならば、明日以降、どのような展開が予想されるでしょう。園外に探しにいくことでしょうか？あるいは園で飼うことでしょうか？すると、何を準備したらよいでしょうか？　このように今後の展開をいくつか予想し、そこへの援助のあり方を考えるのです。これを、次から次へとつなげていきましょう。こうやって、子どもの姿の次の展開を予想してかかわることにより、遊びが次から次へと発展し、子ども主体の保育が展開されるのです。そして、結果、どうなったかを書き込むことにより、遊びの記録にもなっていきます。

第3章

様々な計画について

新しい要領・指針では、いくつかの大切なポイントが示されました。この章には、そのポイントに対応した計画の具体例を掲載します。これらの計画も参考に、園や地域の状況に合わせて、園の皆さんで話し合いながら計画を検討していきましょう。

※掲載した計画は、それぞれの園の理念を反映したものであり、1つの例です。

全体的な計画 その① （野中こども園）

社会福祉法人柿ノ木会野中こども園・全体的な計画（教育・保育課程）

保育の理念	一人一人の子どもの人格を尊重し、受容的・応答的に関わり、興味・関心を起点とした主体的な活動を保障する。
目指す子ども像	創造性豊かで能動的な学び手

	領域＼年齢		0歳児	1歳児
養護	生命の保持	①一人一人の子どもが、快適に生活できるようにする。 ②一人一人の子どもが、健康で安全に過ごせるようにする。 ③一人一人の子どもの生理的欲求が、十分に満たされるようにする。 ④一人一人の子どもの健康増進が、積極的に図られるようにする。	●健康や安全に配慮し、一人一人の生活リズムを大切にしつつ、生理的欲求を充分に満たす。	●生理的欲求を満たし、生活リズムが形成されるよう援助する。
	情緒の安定	①一人一人の子どもが、安心感を持って過ごせるようにする。 ②一人一人の子どもが、自分の気持ちを安心して表すことができるようにする。 ③一人一人の子どもが、周囲から主体として受け止められ主体として育ち、自分を肯定する気持ちが育まれていくようにする。 ④一人一人の子どもの心身の疲れが癒されるようにする。	●保育教諭との応答的な触れ合いやかかわりの中で、安心して過ごせるように愛着関係を育んでいく。	●子どもの思いに共感し、触れ合い、語りかけることにより、安心して自分の気持ちを表すことができるようにする。

	領域＼年齢		0歳児	1歳児
教育	健康	①明るく伸び伸びと行動し、充実感を味わう。 ②自分の体を十分に動かし、進んで運動しようとする。 ③健康、安全な生活に必要な習慣や態度を身に付ける。	●人や物に興味を示し、探索活動が活発になる。 ●保育教諭に身の回りを清潔にしてもらうことを心地よいと感じる。	●歩行が完成し、体を動かすことが楽しいと感じる。 ●身の回りのことを保育教諭と一緒にしようとする気持ちが芽生える。
	人間関係	①幼保連携型認定こども園の生活を楽しみ、自分の力で行動することの充実感を味わう。 ②身近な人と親しみ、かかわりを深め、愛情や信頼感を持つ。 ③社会生活における望ましい習慣や態度を身に付ける。	●保育教諭との応答的なかかわりのもと、愛着関係が芽生え、要求をする。 ●周囲の人に興味や関心を示し、かかわろうとする。	●自分がしたいことやしてほしいことを伝える。 ●保育教諭や友達の行動に興味を示し、自分もしようとする。
	言葉	①自分の気持ちを言葉で表現する楽しさを味わう。 ②人の言葉や話などをよく聞き、自分の経験したことや考えたことを話し、伝え合う喜びを味わう。 ③日常生活に必要な言葉が分かるようになるとともに、絵本や物語などに親しみ、保育教諭や友達と心を通わせる。	●保育教諭の語りかけに泣き声や喃語、片言により声を出して応えようとする。 ●身振りや指さしなどで、思いを表そうとする。	●保育教諭との応答による心地よさや嬉しさを感じ、自分の思いを身振りや片言で伝えようとする。 ●絵本や歌遊びを楽しみながらいろいろな言葉に触れる。
	環境	①身近な環境に親しみ、自然と触れ合う中で様々な事象に興味や関心を持つ。 ②身近な環境に自分からかかわり、発見を楽しんだり、考えたりし、それを生活に取り入れようとする。 ③身近な事象を見たり、考えたり、扱ったりする中で、ものの性質や数量、文字などに対する感覚を豊かにする。	●身近なものに興味や関心を示し、見たり、触れたりする。	●身近な自然に興味や関心を持ち、探索をして遊ぶ。 ●好きなおもちゃや遊びを見つけ、落ち着いた環境の中で遊びを楽しむ。
	表現	①いろいろなものの美しさなどに対する豊かな感性を持つ。 ②感じたことや考えたことを自分なりに表現して楽しむ。 ③生活の中でイメージを豊かにし、様々な表現を楽しむ。	●生活の中で出会う様々なものを心で受け止め、感じたことを全身で表す。	●生活の中で様々なものから刺激を受け、心ゆくまでかかわることを楽しむ。 ●様々な体験を通じて、感じたことを自分なりに表現しようとする。

心と体の健康	身近な人との関わり	身近な環境との関わり
●自分のやりたいことに向かって心身ともに伸び伸びと行動する機会を大切にし、充実感を得られるように努める。 ●自分の心と体を大切にし健康な生活に必要な習慣を身に付ける。	●自他の違いに気づき、互いに認め合い、一人一人が大切な存在だと感じる心を育てる。 ●互いに親しみを持つとともに、憧れや思いやりの気持ちを持ち、育ちあえるような保育を工夫する。	●好奇心・探求心を基にした探索活動を保障し、発見や試行錯誤を通じた学びを支える。 ●自然環境と親しむ中で、物の性質や数量・図形・文字・時間などへの興味が湧くように配慮する。

社会福祉法人柿ノ木会野中こども園・全体的な計画（教育・保育課程）

「望まれる保育者像」が記されているところに、園の姿勢が表れています。「重点的に取り組む教育・保育の柱」が明確に示され、保育の方針が職員間でも共有できるところもいいですね。

新しい要領・指針では、「全体的な計画」を作成することになりました。
「資質・能力」「幼児期の終わりまでに育ってほしい姿(10の姿)」の視点などを入れながら作成された実際の計画を紹介します。計画作りの参考にしてください。

平成30年度

保育目標	健康な心と体を自ら育てられる子（身体の丈夫な子）	望まれる保育者像
	身近な人に親しみをもって関わる子（社会的役割のとれる子）	人や物ごととの関わりを心から楽しめる人
	身近な環境に好奇心をもって関わる子（創造性の豊かな子）	

ねらい及び内容

2歳児	3歳児	4歳児	5歳児	育みたい資質・能力
●安全で快適な生活環境の中で、身の回りのことを自分でしようとする気持ちを育てる。	●健康で安全な生活に必要な習慣を身に付けられるよう、自らできることを支援する。	●健康で安全な生活に必要な習慣に関心を持ち、自らできることの喜びを感じられるよう支援する。	●健康で安全な生活に必要な習慣を身に付け、自ら進んで行動できるようにする。	知識・技能の基礎
●様々な自己主張を受けとめ、一人一人の気持ちに共感し、自我の育ちを援助する。	●子どもの気持ちや考えを受け止め、自我の形成とともに主体的な行動や探索意欲が高められるようにする。	●自己肯定感を育み他者を受容する気持ちを育てる。	●心身の調和と安定により、自信を持って行動できるようにする。	思考力・判断力・表現力等の基礎
				学びに向かう力、人間性等

2歳児	3歳児	4歳児	5歳児	10の姿
●基本的な動作ができるようになり、全身を使って遊ぶことを楽しむ。●保育教諭の見守りの中、身の回りのことを自分からしようとする。	●十分に体を動かしいろいろな遊びや用具を使った遊びを楽しむ。●生活の流れが分かり、自分でできることは自分でしようとする。	●全身を使いながら、様々な遊具や活動などに挑戦して遊ぶ。●健康、安全な生活に必要な習慣や態度に関心を持ち、身に付けようとする。	●運動遊びに意欲を持ち、目標をもって取り組む。●自分の体に関心を持ち、健康、安全な、生活に必要な習慣や態度を身に付け、自ら進んで行動する。	健康な心と体
				自立心
●生活や遊びの中で順番・交代などがあることを知る。●保育教諭や友達とかかわって遊ぶ楽しさを感じる。	●保育教諭の仲立ちのもと、友達と思いを伝え合って遊ぼうとする。●友達とのかかわりを徐々に深めながら、簡単なルールを守って、遊ぼうとする。	●友達とイメージや目的を共有し、工夫したり、協力したりしながら遊ぶ。●思い通りにいかない不安や葛藤を経験する中で、自分の思いを伝えようとし、相手の思いに気づく。	●自分の思いを伝えたり、相手の思いに気付いたりしながら、協力して物事をやり遂げる大切さや充実感を味わう。●地域の人や近隣の友達など自分の生活に関係の深い人たちに親しみを持つ。	協同性
				道徳性・規範意識の芽生え
●自分の思いや経験を話そうとしたり、遊びの中で簡単な言葉でのやり取りをしたりする。●絵本や言葉遊びを通して、繰り返しのある言葉や模倣を楽しむ。	●経験したことや感じたことを自分なりの言葉で保育教諭や友達に伝えようとする。●絵本や物語を興味をもって聞く。	●自分の思いを伝えたり、相手の話を聞いたりして会話を楽しむ。●絵本や物語、なぞなぞなどの言葉遊びを楽しみ、イメージを広げる。	●共通の目的に向かって、友達と話し合い、自分の思いを伝えたり、相手の話す言葉を聞こうとしたりする意欲や態度を身に付ける。●遊びや生活の中で文字や記号に親しむ。	社会生活との関わり
				言葉による伝え合い
●身近な自然や事象に興味や関心を広げ、探索、模倣をして遊ぶ。●物の特性（水・砂・泥など）に興味を示し、触れたり遊んだり作ったりすることを楽しむ。	●生活の中で様々な自然や事象に触れ、興味や関心を持ち、親しみを持って自分からかかわろうとする。●身の周りの物の色、量、形などに関心をもち、分けたり、集めたりする。	●様々な物事や自然に触れ、積極的にかかわる中で生活や遊びに取り入れようとする。●体験を通して身の周りの物の色、数量、形などに興味や関心を持ち、数えたり、比べたりする。	●様々な物事や自然に主体的にかかわり、試したり、発見したりしながら工夫して遊ぶ。●生活の中で物の性質や数量、図形、文字、時間などに関心を持ってかかわる。	思考力の芽生え
				自然との関わり生命尊重
				数量・図形・文字等への関心・感覚
●様々な事象や出来事を通してイメージを広げたり、深めたりしながら心の中に蓄える。●興味のあることや経験したことを再現したり、真似たりする楽しさを味わう。	●自分でイメージを広げたり、見立てを楽しんだりして遊ぶ。●見たり、感じたり、考えたりしたことを身振りや動作で表現する。	●友達と一緒に遊びのイメージを共有しながら、様々な表現を楽しむ。●感じたこと、経験したことなどをいろいろな方法で表現する。	●友達と心を合わせて、一緒に表現する過程を楽しむとともに、感動する体験などを通じ、豊かな感性を育み、それらを表現する意欲を高める。●いろいろな素材に触れ、感じたこと、考えたことを工夫して表現する楽しさを味わう。	豊かな感性と表現

重点的に取り組む教育・保育の柱

人権の尊重	表出と表現の尊重	保護者支援と連携	地域との連携	小学校との接続
●子どもを一人の人として尊重し、自己肯定感の養育に努める。●一人一人の個性を認め、共に過ごすことで、仲間として理解と認識を深め、社会性や豊かな人間性を身に付けるようにする。	●日常的にわらべうたや造形活動、劇あそびに親しむことのできる環境を整え、感情の表出や、思考の表現を促し、自らを表現することに安心感を持てるように努める。	●子育てに関する情報交換の場や交流の機会を設けるとともに相談・支援を行うことで、子どもと保護者の育ちを支援する。●保護者同士のネットワーク構築を助ける。	●文化や伝統などに触れて自分たちの住む地域に親しみを感じ、豊かな生活体験を得られるような関わりを大切にする。●地域とともに子育てに取り組む体制の確立に努める。	●園児と児童の交流を通じて、小学校生活に安心感と期待感が感じられるよう学びの接続を図る。

43

全体的な計画 その② （文京区立お茶の水女子大学こども園）

平成30年度　教育及び保育の内容に関する全体的な計画

事業の目的	誕生から死までの生涯発達を見据えた、0歳児からの教育・保育カリキュラムの開発と実践を行うこと
保育理念（運営方針）	国立大学法人お茶の水女子大学こども園運営基本方針に基づき、就学前の教育・保育を以下のように実施する。 ◎教育・保育を一体的に行い、心身の健やかな成長にふさわしい生活の場を提供する。 ◎文京区と密接に連携し、地域、家庭及び大学との結びつきを重視した運営を行う。 ◎各年齢における発達課題に応じた環境を用意し、遊びを通した総合的な教育・保育を行う。 ◎大学と共同して教育カリキュラム及び乳幼児教育・保育の質の評価方法を開発・研究し、成果を発信する。
保育方針	乳幼児時期の教育・保育は、生涯にわたる人格形成の基礎を培う重要な役割を担っている。こども園では、豊かな体験や遊び、さまざまな人との関わりを通して、子どもたちが自分らしく育っていかれるよう保育の日々を紡いでいく。発達段階や個人差に応じた援助を重ね、右にあげた子どもたちを育てていく。 大学キャンパス内のこども園という特色を生かし、『つながる保育』を創造していく。「人・遊び・地球・家庭・地域」、この5つのつながりを大切にして、子どもたちが豊かに育つ保育を構築していく。
保育目標	◎食べる、眠る、遊ぶ生活を過ごし心も体も健康な子ども　　◎様々な人との関わりを重ね、自分も友達も大切にする子ども ◎「やってみたい」という気持ちをもち、じっくり遊ぶ子ども　　◎自然や文化との出会いの中で、心を動かし表現する子ども

● 1号認定：基本保育時間→9:00～15:00（3歳児13:00)　　　＊1号認定預り保育時間　8:00～9:00　15:00（3歳児13:00)～18:15
● 2・3号認定：基本保育時間→7:15～18:15　　　　　　　　　＊2・3号認定延長保育時間→18:15～19:15（0歳児を除く）

教育・保育要領上の教育及び保育の基本及び目標	発達過程とクラスの相関性	保育5領域との整合性
教育・保育の基本については要領の4つの事項を重視する。教育目標は生活を通して、生きる力を育成するように認定こども園法第9条に規定する教育及び保育の目標の達成に努める。	0・1・2歳児3クラス及び3歳児～5歳児の各クラス計6クラスで保育をする。1、2歳児、3～5歳児保育室はオープンスペースとなっており、活動や興味に応じて活用し、育ち合いを支えていく。教育・保育要領に基づき年間指導計画を作成する。	教育・保育要領の第2章のねらい及び内容並びに配慮事項を鑑み、各領域が示す目的に沿って教育及び保育がなされるようにする。その際総則を前提とした配慮を行う。

健康支援	環境、衛生・安全管理
●健康及び発育発達状態の定期的、継続的な把握 ●0歳児月2回、他クラスは月1回の嘱託医による内科の健康診断、年2回の歯科検診 ●登園時及び保育中の状態観察、また異常が認められたときの適切な対応 ●年間保健指導計画の作成と実践 ●保護者への保健だよりの配布 ●年1回職員健康診断及び毎月の検便（栄養士・調理員・調乳担当者及び食事介助をする職員） 　その際総則を前提とした配慮を行う。	●園舎の温度、湿度、換気、採光、音などの環境を適切に保持 ●施設内外の設備、用具等の清掃及び消毒 ●施設内外の設備、用具等の安全管理及び自主点検 ●子ども及び職員の清潔保持 ●感染予防対策指針の作成と実施及び保護者との情報共有 ●インフルエンザへの対応 ●毎月避難訓練（火災、地震、不審者対応）の実施 ●消火訓練の実施 ●安全教育年間計画（月別参照） ●被災時における対応と備蓄

養護（保育者が行う事項）	年齢	0歳児	1歳児	2歳児（満3歳児）	3歳児
	生命の保持	●生理的欲求の充実を図る ●姿勢や運動の発達を促す	●生活リズムの安定を図る ●歩行と探索活動の保障	●健康的な生活習慣の定着 ●十分な歩行と運動体験	●健康的生活習慣の形成 ●多様な運動体験
	情緒の安定	●特定の大人との愛着関係 ●応答的な温かいふれあい	●安心できる場と人との生活 ●甘えの受容と、応答的なやりとり	●自我の育ちへの受容と共感 ●自分で出来る喜びを感じる	●「自分で」という気持ち ●安心できる場や人の広がり

ねらい及び内容（満3歳以上は、教育課程に係る1日4時間年39週を下らない学校教育＋その他の教育及び保育）

教育及び保育（子どもが環境にかかわって経験する事項）	領域	教育及び保育（＊教育・保育要領 第1章 総則 第2-4参照）	教育及び保育（※参照）	教育及び保育	教育及び保育
	健康	●姿勢を変えたり、移動したり、歩きだすなど自由に動けることを喜ぶ。 ●安心した環境の中で様々な食べものを味わう。	●歩く、上る、下りる、またぐなど体を十分に動かして遊ぶ。 ●保育者や友達の真似をして身の回りのことをやってみようとする。	●歩く、走る、跳ぶ、上るなどの基本的な運動を楽しむ。 ●生活に見通しをもって安心して過ごせる。	●走る、もぐる、飛び降りる等の基本的運動を楽しむ。 ●自分のことは自分でしようとする気持ちをもつ。
	人間関係	●特定の保育者との関係を基に人との関わりを喜ぶ。 ●保育者にあやされ、ふれあい遊びを楽しむことで傍にいる友達にも興味を示す。	●自我の芽生え、甘えを見守る大人との触れ合いを楽しむ。 ●友達への興味が広がり、真似をして遊ぶ。	●「自分で」「嫌だ」と自己主張し、大人に受容されることで徐々に気持ちを切り替える。 ●保育者や友達とかかわり合いながら遊ぶ。	●自分が安心できる遊びや場所を見つけ、遊び込む。 ●同じ動きや遊びを楽しみ、友達への親しみをもつ。
	環境	●目で追い、耳で聞き、様々なものに出会い、舐めたり触れたりして確かめる。 ●振る、叩く、投げる、入れるなど興味をもったものに自分から働きかける。	●入れたり出したり、集めたり、興味のある物を見つけて遊ぶ。 ●身近な動物、草花や石、木の実を見つけ、探索遊びを楽しむ。	●草花や小さな生き物に出会い、興味をもつ。 ●自然の中で風、雲、光などの不思議さや面白さを感じる。	●砂、水、土等の環境に触れ遊び様々に感じる。 ●草木や小さな生き物などに出会い、興味をもつ。
	言葉	●保育者に優しく話しかけられて表情や声を出して関わる。 ●保育者に伝えようとして指さしや声を出して伝えようとする。	●自分の思いや要求を身振り片言で伝える。 ●保育者の膝の上で絵本を見て言葉の面白さ、繰り返しを楽しむ。	●自分の思いを言葉で表し伝わる嬉しさを感じる。 ●絵本を通して言葉の楽しさを味わったり、イメージを膨らませたりする。	●自分の思いを言葉で表し伝わるうれしさを感じる。 ●絵本や歌遊び等を通して言葉のリズム、美しさ、楽しさを味わう。
	表現	●保育者のまなざしを感じ、真似をして手を叩く、体を揺らして表現する。 ●音のリズム、心地よい歌を耳にすることで自分から動きだす。	●様々な素材、砂、土、水などに触れながら指先、体を使って表現する。 ●リズムやわらべ歌に合わせて模倣したり、自分で感じたように表現する。	●砂、土、水、片栗粉等、可塑性のある素材に触れ、全身を使って表現する。 ●音、音楽など感じたままに表現する喜びを味わう。	●可塑性のある素材に全身で関わり、豊かに感じ取る。 ●感じたままに表現する喜びを味わう。

特色ある教育と保育	●オープンスペースによる異年齢育ち合いの保育　　●大学キャンパスを継続的に活用した戸外活動の推進　　●0歳児から5歳児までが一体的に
研　修　計　画	●日々の保育の計画・実践・省察のサイクル確立　　●小さな気づき、小さな語り合いが実現する環境の工夫　　●講師を招いての園内研修
自　己　評　価	●施設運営管理の評価　　●こども園の評価（全体の反省による計画・教育課程への反映）　　●保育者自身の評価（自己評価と子どもの評価

幼保連携型こども園の「全体的な計画」の1例を紹介します。
全体的な計画は要領・指針等を踏まえ、それぞれの園の教育・方針を織り込んでいくものです。
園の特徴を打ち出していきましょう。

文京区立お茶の水女子大学こども園

子どもの教育及び保育目標	0歳児	◎生理的欲求が満たされ安定した生活リズムで過ごす。　◎温かく、ゆったりした雰囲気の中で過ごすことを喜ぶ。◎その時の子どもの動きや姿勢で自由に移動しながら、様々なものに触れて遊ぶ。
	1歳児	◎「イヤ」「自分で」という気持ちを受けとめられ、自分の思いを仕草や言葉で表現する。◎保育者に大事にされていることを感じ、人と関わることを喜ぶ。◎好きな場所やものでひとり遊びを楽しむ。
	2歳児	◎身の回りのことを自分でしようとする。　◎自己主張を受けとめられ、自分の思いを言葉で伝えようとするようになる。◎多様な素材に触れて体や言葉で表現しようとする。　◎保育者や友達と体を動かしてイメージを共有して遊ぶ
	3歳児	◎自分のことは自分でしようとする。　◎保育者や友達に親しみ、好きな場所や遊びを見つけ安心して過ごす。◎のびのびと活動する楽しさを味わう。　◎身近な素材に触れ感触を味わい、思い思いに表現する。
	4歳児	◎自分の力を発揮して生活しようとする。　◎好きな遊びに集中して取り組み思いを動きや言葉で表し友達と共有する。◎保育者や友達と一緒に様々な活動に取り組み、経験を広げる。　◎イメージや考えを出し工夫しながら遊びを進める。
	5歳児	◎主体的に遊びや生活に取り組み、充実感を味わう。　◎友達と思いを伝え合いながら遊びを進める。◎自分なりの目標をもち挑戦し粘り強く取り組む。　◎様々な体験を通して興味関心を深め探究する。

主な行事	●始業式　●入園式　●誕生会　●健康診断　●こどもの日の集い　●春の遠足　●七夕　●プール開き　●夏祭り●敬老の日のつどい　●秋の遠足　●運動会　●お楽しみ会　●豆まき　●ひな祭り　●終業式　●卒園式

家庭との連携	小学校への接続・連携	地域の実態に対応した保育事業と行事への参加（社会貢献）
園児の生活全体を豊かにするために家庭との連携を密に図る。児童資料等による状況把握、入園のしおり・HP等での情報提供により、情報を共有する。月ごとの園だよりや保育記録の公開、保護者会の開催、日々の声掛けなどを積極的に行う。	新幼稚園教育要領の中で示される「幼児期の終わりまでに育ってほしい10の姿」の理解を深め、子ども一人一人の育ちを確認する。小学校生活への円滑な接続実現のために、乳幼児期から学童期への学びの連続性について研修、研究を行い、実践につなげる。	長時間保育体制により、乳児保育を含んだ3歳未満児の受入推進と延長保育・休日保育のニーズへの対応をする。近隣の公園の活用や、地域の方々との出会いの機会を大切にする。区内絵本読み聞かせグループの方々による読み聞かせ会を月一回実施する。

食育の推進	子育ての支援
●安定したゆとりのある食事となる保育室の環境の整備●食育計画を作成、実施●給食を含めた保育参観や試食会の開催●給食の食材に関心をもち、調理する人々と関われる環境作り●保護者への食に関する食育便りの配布●栄養バランスを考えた自園給食の提供●行事食の提供●菜園づくりの実施	●入園のしおり・パンフレットの配布●保護者との連携協力●実習生等の受入れ●危機管理体制の掲示●子育て相談の実施●子育て情報コーナー設置、情報発信●園行事（夏祭りなど）の一般開放と相談コーナーの設置●子育て広場（0歳児から幼稚園入園前の子どもと保護者の遊びの場）提供●お茶大学びの会（子育てについて語り合う会）実施●保育体験（親子でこども園の生活を経験）実施

4歳児	5歳児	
●健康的生活習慣の定着●運動と休息の調和	●生活への主体的関わり●多様な運動への挑戦	人権尊重・虐待確認保護・個人情報保護・苦情処理解決第三者委員設置＊幼保連携型認定こども園教育・保育要領　第1章 総則　第3−4(1)ア〜エ、(2)ア〜エ参照
●「やってみたい」の拡大●様々な感情体験と共感	●自分と仲間両方を尊重●自己肯定感の確立	

※教育課程は別紙参照

（教育課程に係る教育時間含む）		幼保連携型認定こども園教育・保育要領（①心情②意欲③態度を意味する）
●力強く走る、ボールや縄で遊ぶ等体全体の協応運動を行う。●基本的な生活習慣を身につける。	●活発に体を動かして遊び、様々な運動に自ら挑戦する。●基本的生活習慣が身に付き進んで行動する。	① 明るく伸び伸びと行動し、充実感を味わう。② 自分の体を十分に動かし、進んで運動しようとする。③ 健康、安全な生活に必要な習慣や態度を身に付ける。
●やりたい気持ちが広がり「自分」がはっきりする。●思いを通わせて遊び友達との関わりを広げる。	●自分の思いや考えを出し、友達との関わりを深めながら遊ぶ。●年長児としての自覚をもち行動する中で、相手の思いにも気づく。	① 幼保連携型認定こども園の生活を楽しみ、自分の力で行動することの充実感を味わう。② 身近な人と親しみ、かかわりを深め、愛情や信頼感を持つ。③ 社会生活における望ましい習慣や態度を身に付ける。
●身近な環境に積極的に関わり、気づきを広げる。●大学キャンパス内の多様な自然に出会い興味を広げる。	●社会や自然事象の変化や不思議に気づき、探究的に関わる。●大学キャンパス内の自然を遊びに取り入れ、興味を深める。	① 身近な環境に親しみ、自然と触れ合う中で様々な事象に興味や関心を持つ。② 身近な環境に自分からかかわり、発見を楽しんだり、考えたりし、それを生活に取り入れようとする。③ 身近な事象を見たり、考えたり、扱ったりする中で、ものの性質や数量、文字などに対する感覚を豊かにする。
●相手の言うことに気付き、やりとりを楽しむ。●日常生活に必要な言葉が分かり、使おうとする。	●相手に伝わるように自分の思いを言葉で表す。●物語の世界に触れ、想像する楽しさを味わったり、語彙を増やしたりする。	① 自分の気持ちを言葉で表現する楽しさを味わう。② 人の言葉や話などをよく聞き、自分の経験したことや考えたことを話し、伝え合う喜びを味わう。③ 日常生活に必要な言葉が分かるようになるとともに、絵本や物語などに親しみ、保育教諭等や友達と心を通わせる。
●多様な素材と存分に関わる中で、自分の感じたままに表現する。●感じたことを様々な方法で表現する喜びを味わう。	●自分のイメージに合わせて素材を選択し表現する。●自分が感じたことを出し合いながら、仲間と一緒に表現を作り上げる喜びや達成感を味わう。	① いろいろなものの美しさなどに対する豊かな感性を持つ。② 感じたことや考えたことを自分なりに表現して楽しむ。③ 生活の中でイメージを豊かにし、様々な表現を楽しむ。

家庭的保育　●能動性を発揮し自ら選ぶ遊びに重点をおいた環境による教育　●大学教員による実験的な教育活動の積極的導入
●保育施設等視察見学　●園外研修への計画的な参加（園外研修、地域子育て支援研修等）　●個人研究の推進と成果の共有（学会発表等）の確立　●自己チェックリストの実施と危機管理マニュアルの作成、習得　●第三者評価の理解

教育及び保育の内容から子育て支援、研修計画といった項目まで計画されています。認定こども園の事業目的に向かって、子どもの育ちを長期的に見据えながら、教育・保育を行う方向を示します。

45

年間指導計画　1歳児（田園調布学園大学みらいこども園）

乳児部　1歳児　みかんぐみ　年間指導計画

	1期（4・5・6月）	2期（7・8・9月）	
子どもの姿	・新しい環境に戸惑い、不安を感じて送迎時に泣いたり、遊んでいても途中で思い出して泣いたりする。 ・保育者を求めて泣き、抱っこやおんぶをしてもらい、一定時間を過ごす子どもが多い。 ・少しずつ部屋や生活に馴染んでくると好きな遊具を見つけて遊ぶ、笑顔を見せる、喃語や言葉を発するようになる。 ・名前を呼ばれると、振り向いたり、返事をしたりする。「〇〇ちゃん」など、他の子どもの存在を知っていく。 ・遊具の取り合いが見られるようになり、泣いて保育者に伝える。仕草や声に出して相手に伝えようとする姿が、見られるようになってきている。「やだ」と言ったり、遊具で叩いたりする姿も見られる。 ・食べることに興味を持ち、手で食べたり、スプーンを使って食べたりしようとする。 ・着脱に興味を持ち始め、オムツやズボンを下ろそうとしたり、足を通して立ち上がったりする。	・送迎時に泣くことも少なくなり生活リズムが安定してきて、落ち着いて過ごせるようになる。 ・他の子どもとの関わりが多くなり、思いを言葉で伝えられず、叩いたり、噛んだりする子どもが出てくる。その都度子どもの気持ちを受け止めて痛かったこと、叩いたり噛んだりせずに言葉で伝えるように、言葉掛けをしていくことで、「かして」「やめて」「つかってる」などの言葉や仕草が出てくる。 ・夏の遊びとして、水遊び（プール遊び）をする。遊具を使ったり、水の感触を楽しんだりしながら遊ぶ。 ・保育者の言葉掛けで、自分で野菜など苦手な食材を食べてみようとする。	
ねらい	・新しい環境に馴染み、家庭的な雰囲気の中で安心して過ごす。 ・生活の流れ（食事・睡眠・排泄など）を知り、心地良く過ごす。 ・保育者のそばで安心して好きな遊びを見つけて楽しむ。 ・戸外に出て春の自然に触れる。	・保育者との信頼関係を築きながら、安定して過ごし、周囲への好奇心や興味を持つ。 ・保育者に手伝ってもらいながら、身の回りのことに興味を持ち、やってみようとする。 ・保育者、他の子どもとの関わりを通して、自分の思いを表情や身振りで伝えようとする。 ・保育者や他の子どもと一緒に夏の遊びを楽しむ。	
内容	・抱っこやおんぶで十分にスキンシップを取りながら、身近な保育者や園の環境に馴染む。 ・自分の欲求を仕草や行動、知っている言葉で伝えようとする。 ・安心できる環境の中で食事をしたり、睡眠をとったりする。 ・オムツを交換してさっぱりした心地よさを知る。 ・保育者に見守られる中で、好きな場所や遊びを見つける。 ・園庭での遊びや散歩に出かけて、春の草花や虫に触れる。	・水分補給や十分な睡眠、休息をとる。 ・楽しい雰囲気の中で、自分の心地よい場所が見つかり、安定して過ごす。 ・絵本を読んでもらい、繰り返しを真似することや、一語文を楽しむ。 ・オムツが汚れたら保育者に知らせたり、自分のロッカーからオムツを取ってきたりする。 ・自分の持ち物やマークが分かり、自分のものを大切にしたり、他の子どもの物を渡そうとしたりする。 ・保育者が間に入りながら、少しずつ身近な子どもと関わり遊ぼうとする。 ・知っている言葉や指さし、仕草で自分の思いを表し気持ちを伝えようとする。 ・水遊びやプール遊びを通して水に触れたり、感触を楽しんだりしながら解放感を味わう。 ・夏ならではの自然に触れる。	
環境構成と援助の配慮点	・安心して生活できるように、少人数や一人ずつでの活動を大切にする。 ・泣いて保育者を求めたときには受け止め、安心できるような関わり、言葉掛けをしていく。 ・室内は常に清潔にし、採光・換気・室温などに配慮し、環境整備に努める。 ・一人一人の発達や健康状態に合わせて、無理なく園生活が送れるようにする。 ・安全点検をし、怪我が起こらないように努める。 ・一人一人の気持ちを理解し受容することにより、子どもとの信頼関係を深め、自分の気持ちを安心して表すことができるようにする。 ・自我の芽生えを十分に受け止め安心するなかで、自分の思いを保育者に伝えられるようにする。 ・自分で食べようとする気持ちを大切にしながら必要に応じて手助けをし、楽しく食事ができるようにする。 ・配慮食児は一定のテーブルに座るようにし、間違いが起こらないように必ず配膳する前に職員がつく。 ・一人一人の眠る時の癖や特徴を知り、安心して眠れるようにする。 ・オムツを替えて「気持ちいいね」「さっぱりしたね」など心地よさを言葉で伝える。 ・好きな遊びを見つけられるように　子どもが手にしやすい場所に遊具を配置し保育者がそばにいることで、落ち着いてじっくりと遊べるようにする。 ・カゴや棚に遊具の写真を貼り付け分かりやすいようにする。 ・遊具の出す場所、保育者の位置など、死角にならないように、安全に遊べる環境をつくっていく。 ・歩行が確立しはじめた子ども達が十分に歩行が出来るように、部屋と戸外など場所を分けて過ごす。その際、危険なものがないように配慮する。 ・外へ出るときは数人ずつ出て、テラスで混雑しないように時間差で行動する。特に歩行が確立しはじめた子どもは最後に保育者が一緒に出るようにする。 ・子どもと一緒に草花や虫を見つけて知らせたり、砂や水に触れたりしながら戸外で遊ぶ楽しさ、心地よさを感じられるようにする。	・室内では温度、湿度を確認し、夏らしさを感じつつ、快適に過ごせるようにする。 ・安全面や採光、室温、換気などに配慮し、環境整備を行う。 ・顔や手足、体を汗をかいたら拭く、衣服のこまめな取り替えなど清潔で気持ち良く過ごせるようにする。 ・子どもが手にしやすい場所に遊具を配置し、自分の好きな遊びを見つけてじっくりと遊べるようにする。その際、保育者は死角にならない位置につき、子ども達のサインに気が付き、思いをすぐに受け止められるようにする。 ・子ども達が自分のことを自分でやろうとする気持ちが強くなってくるので、言葉掛けや介助をしながらも納得するまでできるように時間に余裕を持って関わる。また、できた喜びを共感し、次への意欲、自信につながるようにする。 ・子どもの言葉や仕草を丁寧に受けとめ、話したい気持ちを大切にする。 ・水遊びは安全面や衛生面に留意し、プール、たらい、それぞれに保育者が1名ずつ必ずつき、遊んでいるとき、出入りの際に危険がないように注意する。遊具は、同じものをいくつか用意することで、子ども同士、同じものを一緒に使って遊ぶという同じ体験、同じ思いを感じられるようにする。 ・水遊びができない子ども達も十分に遊べるように、夏の遊びを充実させ、他クラスの保育者同士の連携で十分な遊びの環境を確保する。 ・保育者、他の子どもと手を繋ぎながら散歩する人数を少しずつ増やしていくために、行き帰りの途中でバディと友達の手を交代し、歩いて散歩をする楽しみを味わえるようにする。 ・季節の自然物を子ども達に分かりやすく伝えていけるように、絵本、紙芝居、歌などで導入していき、実際に見て、触れて体験できるようにする。 ・自然物に対する子ども達の気付きに共感し、関連した絵本や紙芝居を用意する。	
食育に関する内容	・食事前に保育者の言葉掛けによって自分から水道に行き、洗おうとする。 ・園の食事に慣れ、食べることに興味をもち、手づかみやスプーンを使って食べようとする。 ・両手でコップを持って飲む。 ・苦手なものも、保育者の言葉掛けや他の子どもの食べる姿を見ながら、自分も食べようとする。 ・食事は一人一人の健康状態や食べる意欲に応じ、無理強いせず自分で食べようとする気持ちを大切にする。	・食欲や食事の好みなど一人一人に合わせて、無理なく個別対応する。 ・暑さで体力も落ちるので、無理のない食事量を提供していく。その際、水分・塩分を摂取できるように汁物はできるだけ摂るようにする。 ・他の子どもが食べているのを見ながら自分も食べようとする。また、他の子どもと会話のようなことをしながら楽しんで食事をする。 ・自分でエプロンの付け外し、手・口を拭こうとする。	
家庭支援	・新生活の不安を受け止め、送迎の際は丁寧に子どもの様子を知らせ合い、安心感がもてるような関わりを心掛ける。 ・一人一人の発達発育状況を連絡ノートで伝え、家庭とのコミュニケーションを十分に図り、信頼関係を築いていく。 ・保護者が不安や心配事を気軽に話せる雰囲気作りを心掛ける。 ・ホワイトボード、おたよりなどを活用し、園の生活やお知らせを視覚的に伝えていく。	・暑さで疲れやすくなる時期なので、健康に過ごせるよう、食事・睡眠・健康状態について連絡をとる。 ・汗を吸収する素材の肌着を用意してもらうよう連絡する。 ・子ども同士の関わりで起きるトラブルに対して、保護者の気持ちに寄り添いながら子どもの気持ちを受け止め、成長を見守っていくことを伝える。 ・『親子であそぼう』では、参加することの期待感を持てるようクラスだよりを活用してお知らせしたり、送迎時などの会話で伝えたりする。	
行事	・入園式　・なれ保育　・クラス懇談会　・全体保護者会　・土であそぼう　・歯科検診　・親子遠足 ・個人面談　・移動動物園　・プール前健診　・プール開き　・避難訓練　・安全指導　・身長体重測定	・七夕コンサート　・なつまつり　・プール納め　・乳児親子であそぼう☆ふれあいひろば ・避難訓練　・安全指導　・身長体重測定　・定期健康診断	
自己評価			

3歳未満児の長期の計画の例として、1歳児の年間指導計画を紹介します。
「全体的な計画」をより具体化し、期ごとに各項目が設定されています。
この年間指導計画を参照して、月の指導計画の内容を具体的に考えていきます。

田園調布学園大学みらいこども園

3期（10・11・12月）	4期（1・2・3月）
・動きや言葉を真似し合ったり、追いかけっこをしたりと子ども同士で関わり、笑い合っている姿が増えている。関わる中で、互いの気持ちをぶつけあう事がある。 ・活動量が増え、走るスピードが速くなり、全身を使った遊びを楽しんでいる。 ・オムツ替え前に自分でオムツを取りに行く、着替えた服を自分で片付けるなど身の回りのことを自分でやろうとする意欲をもち始める。 ・「自分で」「自分の」という意識を言葉や態度で表す。食事前には席を取りあう姿が見られる。 ・絵本の読み聞かせや手遊びなど集中して聞いている。手遊びや歌遊びを覚え、一緒に歌ったり、一人遊びをしている中でも口ずさんだりしている。 食事前には席を取りあう姿が見られる。	・年明けは、長い休みが続いていたこともあり、園での生活のリズムや気持ちが不安定な子どもがいる。甘えたい気持ちをもっていて、抱っこされたり、触れ合い遊びをしたりスキンシップをとると落ち着く。 ・保育者や子ども同士で手をつなぎ、歩いて散歩へ出かける。「早く先に進みたい」「少し止まりたい」など一人一人の思いがあり、気持ちをぶつけあう事もある。 ・かいたり、つくったりすることへの興味・関心が高くなってきていて、集中して取り組む姿がみられる。「もっとやりたい」といった要求を言葉にする子どもがいる。 ・鼻水・咳が出ており、体調が万全ではない様子の子どもがいる。 ・食事の席や遊具など様々なものに対して意思表示が盛んになる分、遊具の取り合い、身近な子どもとのぶつかり合いが多くなり、噛んだりひっかいたりする姿が見られる。
・一日の生活の流れがわかり、衣服の着脱など身の回りのことを少しずつ自分でしようとする。 ・絵本や紙芝居を楽しむ中で、二語文・三語文と言葉が増え、保育者や身近な子どもとの関わりを喜ぶ。 ・音楽を聴いて体を動かしたり、上り下り・走る・跳ぶ・くぐるなど伸び伸びと体を動かし、全身を使った遊びを楽しむ。 ・いろいろなことに興味を持ち、落ち葉やどんぐりなど秋の自然に触れた遊びを十分に楽しむ。	・寒さに負けずに、戸外で元気よく遊ぶ。（ボール遊び・砂場遊び・かけっこなど） ・排尿や便意の不快感を保育者に伝えようとする。 ・衣服の着脱など身の回りのことを自分でやろうとする。 ・様々な遊びを通して保育者が仲立ちとなりながら他の子どもと関わる楽しさを知る。
・靴や衣服の着脱を保育者の言葉掛けや他の子どもが自分でやっている姿を見て、自分でもやってみようとする。できない時には「やって」と保育者に援助を求める。 ・「自分でできた」という経験を持ち、自分自身で喜びを感じたり、保育者に「できた！」と伝えたりする。 ・絵本や紙芝居を楽しむ中で言葉のやり取りを楽しんだり、好きなフレーズを見つけて繰り返したりする。 ・子ども同士関わる中で相手の存在を意識していく。遊びの中でやりとりを言葉でしようとする。 ・様々な発見（動植物やバス・車など）を喜び、保育者や身近な子どもに知らせようとする。同じことに興味を持ち、楽しい気持ちや発見の嬉しさを共有する。 ・音楽に合わせて体を動かしたり、他の子どもや保育者が楽しんでいる姿を見て一緒にやってみようとしたりする。 ・保育者に見守られている安心感をもち、広々とした環境の中で思うままに体を動かし、伸び伸びと活動する。 ・歩いて散歩に出かける機会が増えてきて、保育者や他の子どもと手をつないで歩くことを楽しむ。 ・季節の遊びを取り入れ、落ち葉を踏んだ感覚や握った触感・音を楽しむ。	・体調に合わせながら戸外での遊びを楽しみ、寒さに負けない体作りをしていく。 ・「うんちでた」など、排便の不快感を保育者に伝える。自分でオムツを取りだし、保育者に渡す。 ・靴や衣服の着脱や手洗いを保育者の言葉掛けを聞いたり、他の子どもが自分でやっている姿を見たりして、自分でやってみようとする。できない時には「やって」と保育者に伝える。 ・食事の前には手を洗う、汚れたら着替えるなどの生活習慣が身に着いてくる。 ・指先を動かし、洋服のジッパー、ボタンを自分で開け閉めしようとする。 ・ビニールテープ、シール、などを使い、手先を使った遊びに興味をもって取り組む。 ・保育者や他の子どもと関わりながら、イメージを広げて遊ぶことを楽しむ。 ・様々な遊具や素材を使って遊びを発展させて、興味の幅を広げる。 ・二語文、三語文と言葉が増え、自分の思いを相手に言葉で伝えようとする。保育者や身近な子どもとの会話を楽しむ。 ・子ども同士で会話を楽しんだり、遊具を一緒に使って遊んだりして"楽しい"などの気持ちを共有する。 ・他の子どもと手をつなぎ、散歩に出かける。他の子どもと会話を交わしながら一緒に歩くことを楽しむ。 ・ぶどう組保育室で遊ぶことで、大きくなることを楽しみにする。
・一人一人の発達や健康状態に合わせて無理なく園生活がおくれるように、危険や怪我のないようにする。 ・外気を取り入れ、空気の入れ替えをしながら気温・湿度に気を配り、快適に過ごせるようにする。 ・気温に応じて衣服の調節をし、健康で快適に過ごせるようにする。 ・気候が涼しくなってからも、続けて水分補給に留意する。 ・「自分でやりたい」という気持ちを育むよう、見守る・手伝う場面を見極めて関わる。また、子どもが自分でできた喜びを言葉にして共感する。 ・繰り返しの言葉が出てくる絵本や紙芝居を用意し、言葉に興味がもてるようにする。子どもが好きなものは、いつでも読むことができるようにする。 ・子ども同士が関わる中で、気持ちがぶつかり合う時には仲立ちをし、両者の気持ちに寄り添い、代弁する。また、「…だったの？」と問いかけ、子どもの気持ちを引き出しながら関わる。 ・一人一人の主張に対しても、気持ちに寄り添いながら丁寧に関わる。子どもの気持ちに共感していることを伝えながら、一人一人が安心して思いを表現できるように努める。 ・みらいホールや巧技台を活用し、伸び伸びと走り回ることや、斜面の上り下りなど全身を使った遊びを楽しむことができるようにする。巧技台を設置する際には、ボール遊びや走り回ることができる場所も確保する。 ・保育室の他にもみらいホールや内庭など、グループに分かれて活動する中で、一人一人が伸び伸びと遊ぶ時間・落ち着いてゆったりと過ごす時間をもてるようにする。 ・一人一人の「歩きたい」「バギーに乗りたい」という気持ちを聞き入れながら、交代で歩き一人一人の歩く機会を増やす。子どもの歩いている様子を見て、活用バギーを1台に減らす。保育者一人に対して二人から始め、三人四人と子どもの様子に合わせて、無理のないよう手をつないで歩くことを増やしていく。	・一人一人の生活リズムを大切にし、一日の中で静と動のバランスをとる。室内遊び戸外遊びを子ども自身が選べるように声を掛け、グループに分かれて活動するまで、一人一人がのびのびと遊ぶ時間や落ち着いてゆったりと過ごす時間をもてるようにしていく。また、動きが活発になるので怪我に十分に注意していく。 ・排尿感覚が開いてきている子どもの一人一人の排尿間隔を把握する。 ・絵本や紙芝居などを活用し子ども達が理解し易いよう、生活習慣を伝える。 ・自分でやろうとする気持ちを大切にし、根気良く見守りながら出来た喜びを共感する。 ・手先を使った遊びではシールなどに入れてしまう事のないように十分注意する。少人数で行うなど全体に目が行き届くよう無理のない方法ですすめていく。 ・満足して遊べるよう、素材や道具を多めに用意しておく。 ・自分の意思を身近な大人に伝えたいという意欲が盛んになるので温かく見守り、受け止め、対応していく。 ・一人一人の思いや言葉、態度で伝えていることを汲み取り、わかりやすく丁寧な言葉を返すようにする。 ・ぶどう組の遊具を借りたり、ぶどう組保育室で活動する機会を作ったりしながら、安心して進級できるようにする。 ・換気を加湿し、加湿器を活用したりしながら気温や湿度に気を配り、快適に過ごせるようにする ・健康、衛生に留意し感染症の予防に努める。クラス内に感染症が発生した際には、遊具を含め保育室の消毒に十分注意する。
・さつまいも、秋刀魚、柿、みかんなど季節の食材に触れ、喜んで食事に向かう。 ・保育者の言葉掛けや他の子どもが食べている姿を見て、苦手なものも食べようとする。 ・手づかみ食べが少なくなり、スプーンを使って食べようとする。 ・一度に口へと詰め込み過ぎないように見守り、一口大の適量を繰り返し伝える。	・スプーンを下から持って食べようとする。 ・食器に手を添えて食べようとする。 ・食後に自分で手や口周りを拭こうとする。
・興味のあることやできたことを伝え、成長の喜びを共感し子育ての楽しさを実感できるようにする。 ・保護者参加の行事は予め企画内容などを保護者に伝える。 ・クラス懇談会では写真を掲示し、子どもの成長や園生活の様子が視覚からもわかるよう工夫をする。	・感染症が流行する時期であることを意識し、体調の異変を感じた時など保護者との連絡を密にとる。 ・ひっかき、噛みつき等の行為は未然に防ぐように配慮し、起きた時は誠意をもって子どもの様子、保育者の対応を説明する。 ・環境（担任、保育室など）が変わることで、情緒面での乱れが出る可能性を懇談会やお便り等で予め伝えるとともに、不安感を和らげながら、成長、進級への喜びを共有する。
・乳児保育参観　・お芋を食べる会　・土であそぼう　・みらいランド　・クラス懇談会　・個人面談 ・もちつき　・おたのしみ会　・避難訓練　・安全指導　・身長体重測定　・定期健康診断	・節分　・ワクワクひろば　・クラス懇談会　・ひなまつりコンサート　・進級式　・避難訓練 ・安全指導　・身長体重測定・定期健康診断

47

年間指導計画 3・4・5歳児（野中こども園）

年間指導計画案・期案（3〜5児）

期	第1期（4・5月）		第2期（6〜8月）		
テーマ	情緒の安定 新しい環境に慣れ、担当者や他児と基本的な信頼関係を構築する。		自主性の発達 興味・関心を起点とした探索活動を保障され、好奇心・探究心を満たすとともに、自己肯定感を培い、意欲と創造性を確立する。		
月	4	5	6	7	8
3歳児 発達過程	●運動機能の高まり　●基本的生活習慣の形成　●言葉の発達　●友だちとの関わり ●ごっこ遊びと社会性の発達				
狙い	◆保育園・クラスが安心・安全な場所であることを実感する。 ◆担任・クラスの仲間と基本的な信頼関係を築く。	◆担任・クラスの仲間と基本的な信頼関係を築く。 ◆戸外での遊びに興味を持つ。	◆自分の体に興味を持ち、清潔・健康の大切さに気付く。 ◆時間の概念に気付く。	◆戸外で充分に遊び、体力をつけるとともに意欲を育む。 ◆環境との関わりを通じて、知的好奇心を満たす。	◆戸外で充分に遊び、体力をつけるとともに意欲を育む。 ◆環境との関わりを通じて、知的好奇心を満たす。
4歳児 発達過程	●全身のバランス　●身近な環境への関わり　●想像力の広がり　●葛藤の経験 ●自己主張と他者の理解				
狙い	◆保育園・クラスが安心・安全な場所であることを実感する。 ◆担任・クラスの仲間と基本的な信頼関係を築く。	◆戸外での遊びに興味を持つ。 ◆環境との関わりを通じてクラスの仲間との関わりを深める。	◆自分の体に興味を持ち、清潔・健康を自ら保とうとする。 ◆時間把握して、見通しを持って生活する。	◆戸外で充分に遊び、体力をつけるとともに意欲を育む。 ◆環境との関わりを通じて、知的好奇心を満たす。	◆戸外で充分に遊び、体力をつけるとともに意欲を育む。 ◆環境との関わりを通じて、知的好奇心を満たす。
5歳児 発達過程	●基本的生活習慣の確立　●運動能力の高まり　●目的のある集団行動　●思考力の芽生え ●仲間の中の人としての自覚				
狙い	◆保育園・クラスが安心・安全な場所であることを実感する。 ◆担任・クラスの仲間と基本的な信頼関係を築く。	◆戸外での遊びに興味を持つ。 ◆環境との関わりを通じてクラスの仲間との関わりを深める。	◆自分の体に興味を持ち、清潔・健康を自ら保とうとする。 ◆時間把握して、見通しを持って生活する。	◆道具に興味を持ち、習熟することを楽しむ。 ◆共同作業の楽しさに気付く。	◆戸外で充分に遊び、体力をつけるとともに意欲を育む。 ◆環境との関わりを通じて、知的好奇心を満たす。

期ごとに設定された3つの年齢に共通のテーマと、年齢ごとの発達過程に沿って、毎月のねらいが設定されています。これらを意識しながら月の指導計画を作成します。

長期の指導計画です。3・4・5歳児を1枚にまとめて作成した例です。
3歳児から5歳児までの発達の見通しなども一目瞭然で、
日々の保育に役立ちそうですね。

平成30年度

第3期（9〜12月）				第4期（1〜3月）		
社会性の発達				知的能力の発達		
自らの情動に向き合い、それを表現したり、他児の心情や意見に関心を向ける。気持ちをコントロールしたり、生活習慣を確立したり、ルールを守ることを学ぶ。				他児と協力して何かを成し遂げることに興味を持つ。その過程にも成果にも喜びを得る。意見交換を行ったり、継続的な活動を通じて、環境認識や抽象的な思考にも関心を向ける。		
9	10	11	12	1	2	3
●全身のバランス　●身近な環境への関わり　●想像力の広がり　●葛藤の経験　●自己主張と他者の理解						
◆戸外で充分に遊び、体力をつけるとともに意欲を育む。 ◆家族や地域社会に興味を持つ。	◆戸外で充分に遊び、体力をつけるとともに意欲を育む。 ◆季節の変化に気付き、楽しむ。	◆季節の変化に気付き、楽しむ。 ◆地域社会の文化に触れ、親しむ。 ◆自分の気持ちや考えを表現することの楽しさに気付く。	◆伝統や継承文化に触れ、楽しさを知る。 ◆抽象的な概念に触れ、想像したり、具体化することを楽しむ。	◆伝統や継承文化に触れ、楽しさを知る。 ◆抽象的な概念に触れ、想像したり、具体化することを楽しむ。	◆伝統や継承文化に触れ、楽しさを知る。 ◆継続的な造形活動を楽しむ。	◆生活習慣・環境認識・社会性の発達の見直しを行なう。
●基本的生活習慣の確立　●運動能力の高まり　●目的のある集団行動　●思考力の芽生え　●仲間の中の人としての自覚						
◆遊びを通じて、自己調整力を育む。 ◆家族や地域社会に興味を持つ。	◆遊びを通じて、自己調整力を育む。 ◆家族や地域社会に興味を持つ。 ◆季節の変化への興味・関心を通じて環境認識能力を育む。	◆地域の取り組みに参加し、親しむ。 ◆自分の気持ちや考えを表現することの楽しさに気付く。	◆伝統や継承文化に触れ、楽しさを知る。 ◆数週間程度の見通しをもって、取り組みに関わることを通じて、持続的な意欲を育む。	◆伝統や継承文化に触れ、楽しさを知る。 ◆自ら目標を立てて継続的な取り組みを行う。	◆伝統や継承文化に触れ、楽しさを知る。 ◆自ら目標を立てて継続的な取り組みを行う。	◆生活習慣・環境認識・社会性の発達の見直しを行なう。
●巧みな全身運動　●自主と協調の態度　●思考力と自立心の高まり						
◆遊びを通じて、自己調整力を育む。 ◆家族や地域社会に興味を持つ。 ◆自分の気持ちや考えを表現することの楽しさに気付く。	◆遊びを通じて、自己調整力を育む。 ◆家族や地域社会に興味を持つ。 ◆季節の変化への興味・関心を通じて環境認識能力を育む。	◆地域の取り組みに参加し、親しむ。 ◆表現活動を通じて、役割を果たすことの楽しさに気付く。	◆伝統や継承文化に触れ、楽しさを知る。 ◆数週間程度の見通しをもって、取り組みに関わることを通じて、持続的な意欲を育む。	◆伝統や継承文化に触れ、楽しさを知る。 ◆自ら目標を立てて継続的な取り組みを行う。	◆伝統や継承文化に触れ、楽しさを知る。 ◆他児と話し合い、共同作業を行うことを楽しむ。	◆生活習慣・環境認識・社会性の発達の見直しを行なう。

保健計画・安全計画 （文京区立お茶の水女子大学こども園）

平成30年度　お茶の水女子大学こども園　保健計画・安全計画

		4月	5月	6月	7月	8月	9月	
保健目標		幼稚園の生活に慣れよう	自分の体を知ろう	歯を大切にしよう	夏を健康に過ごそう	危険な場所や遊びを避けよう	規則正しい生活をしよう	
行事		入園式 始業式 ・発育測定	親子遠足 ・定期健康診断 ・ぎょう虫検査	・第1回保健専門委員会	終業式 ・発育測定		始業式 防災訓練（引き取り訓練） ・発育測定	
保健・安全管理	心身の管理	発育測定 健康調査カード 実施把握 保険証コピーの回収 配慮を要する幼児の把握	健康診断 寄生虫卵検査 健康診断の事後措置 疾病異常者への勧告		健康診断の事後措置 疾病異常者への勧告 発育測定 健康診断のまとめ	疾病異常者の治療促進	夏季休業中の健康調査 発育測定 疾病異常者の治療状況 熱中症予防対策	
	環境の管理	安全点検の実施 保健コーナーの整備 砂場の消毒 ヘルメット・防災備品等の確認	安全点検の実施（＊）	安全点検の実施（＊） 飲料水の水質検査（定期）	安全点検の実施 保育室等の空気環境確認 カーテンの洗濯 プールの管理 スズメバチ，毛虫の駆除	安全点検の実施 水泳プールの管理 砂場の消毒	安全点検の実施 騒音環境及び騒音レベル 水飲み場，足洗い場の点検 スズメバチ，毛虫の駆除	
	生活の管理	配慮を要する幼児の把握 緊急連絡体制の共通理解 アレルギー児の確認、面談等	遠足時の健康管理 スポーツ振興センターへの加入 健康診断の事後措置 手洗い指導	水遊び時の健康管理 歯科保健指導 梅雨時の健康管理 手洗いの励行	衛生検査 水遊び時の健康管理 夏季休業日中の健康管理（1号） 夜尿等の把握	園外生活の安全指導	戸外活動の推進	
保健指導	乳児	健康診断について		健康診断について				
	4 3歳児	健康診断について		健康診断について				
	5歳児	健康診断について		健康診断について 歯のブラッシング指導				
安全指導（幼児中心）		新しい環境での安全な過ごし方 ・保育室、テラス、園庭での過ごし方 ・キャンパス内の通行の仕方等	交通安全指導 ・道路の歩き方 ・横断歩道の渡り方 ・信号の見方	梅雨時の過ごし方 ・雨具の扱い方 ・雨の中の安全な歩き方、過ごし方	水遊び、プール遊びの仕方 ・安全な遊び方を知り、守る	暑さの中での過ごし方 ・日陰で過ごす ・帽子を着用 ・水分補給　等	戸外遊びをする中での諸注意 ・危険な場所に気づく ・キャンパス内での過ごし方を考える	
啓発活動	たより	保健室について 出席停止について	健康診断について	健康診断について	夏に流行する伝染病		熱中症の予防について スズメバチについて	
	掲示	手の洗い方	健康診断について	虫歯について 健康診断について	汗の始末について		一日の生活について けがの手当について	

保健計画・安全計画を1枚にまとめた例です。1年間に行うことを園全体で共通認識するためにも大切な計画です。保育者・看護師・栄養士など園の職員や、家庭との連携が重要となります。

	10月	11月	12月	1月	2月	3月
	けがに気をつけて遊ぼう 目を大切にしよう	丈夫な体をつくろう	外で元気に遊ぼう	風邪を予防しよう	カゼに負けない丈夫な体をつくろう	自分の成長を知ろう
	運動会 ・教職員健康診断	・1号入園候補者健康診断	終業式 ・発育測定	始業式 ・次年度保健安全計画立案 ・次年度健康診断計画立案	防災訓練（消防署指導） ・第2回保健専門委員会	卒業式 終業式 ・発育測定 ・2，3号新入園児健康診断
			感染症の実態調査 発育測定 感染症予防対策 偏食の矯正	冬季休業日中の健康調査 うがい・手洗いの励行　換気の励行 感染症の実態調査 感染症予防対策	うがい・手洗いの励行 換気の励行	発育測定 保健状況のまとめ けんこうの記録整理 次年度の計画 1年間の健康状態の評価
	安全点検の実施 照明器具の清掃 照度検査（定期） 備品の点検 園庭の整備	安全点検（＊）	安全点検の実施	安全点検の実施 教室の空気環境（定期） 保育室の換気回数 室内の保温・加湿	安全点検の実施 園舎の清潔 室内の保温・加湿 空気検査(co2)	安全点検の実施 健康診断器具の点検整備
	遠足時の健康管理	食育指導 正しい姿勢づくり指導	栄養，マナーの指導 暖房機使用時の指導 冬季休業日中の健康管理	冬季休業日中の反省 暖房機使用時の指導 次年度の健康診断計画	生活習慣の見直し 戸外運動，遊びの奨励 安全な遊びの呼びかけ	衛生検査 健康生活の1年間の評価 春休み（1号）の健康と安全
		よみきかせ(食)		絵本や紙芝居（性）		
		エプロンシアター（赤・黄・緑）		絵本や紙芝居(性)		
		エプロンシアター（赤・黄・緑・白）		絵本や紙芝居(性)		
	運動遊びをする中での諸注意 ・集団行動の仕方 ・活発に体を動かして遊ぶ際の諸注意	交通安全指導 ・公共の交通機関の利用の仕方 ・道路の歩き方 ・横断歩道の渡り方 ・信号の見方	冬の過ごし方 ・手洗い、うがいの励行 ・暖房機使用時の注意	冬の過ごし方 ・手洗い、うがいの励行 ・手袋、マフラーなどの扱い方	降雪時の過ごし方 ・身支度を整えて気を付けて遊ぶ ・滑りやすさへの注意　等	1年間のまとめ ・保育室、テラス、園庭、キャンパス内での過ごし方を振り返る ・環境を整える
		予防接種について 食育について	インフルエンザについて		学校保健委員会について	
	目の健康について	食品の栄養について 姿勢について	風邪予防(手洗い・うがい)		風邪予防(手洗い・うがい)	1年間の成長について

毎月の保健目標、行事に対応した、保健計画・安全計画が作られています。管理・指導ごとに書かれているので、ヌケモレなく実施できますね。「啓発活動」として、保護者への情報共有に関する欄を作っているのもいいですね。

食育計画 その① （若葉台バオバブ保育園）

2018年度　年間食育計画

ねがい	○子どもたちに楽しみに思ってもらえるような食事作りを心がける。 ○子どもや大人たちとも気軽にコミュニケーションの取れる場にしていきたい。	
月／項目	**食事への配慮**	**旬の食材**
4月	・馴染みのあるメニューを取り入れる ・各クラスの様子や食べる量をつかむ ・クラスに適した食器や食具を用意する ・アレルギー除去の少ない献立を配慮する	空豆　新じゃがいも　たけのこ　新たまねぎ　かぶ 新ごぼう　グリーンピース　スナップエンドウ よもぎ　清見オレンジ　甘夏 さわら　金目鯛　鮭　わかめ　めかじき
5月	・献立の幅を広げていく	新キャベツ　新じゃがいも　新人参　新ごぼう ふき　かぶ　わけぎ　アスパラガス　空豆 グリーンピース　甘夏　鮭　かつお　鯛
6月	・暑いので、喉通りがよく食べやすい献立を工夫する ・衛生面に注意する ・夏野菜を取り入れる	きゅうり　トマト　ピーマン　いんげん 梅　新しょうが　びわ　サクランボ　メロン あじ　いさき
7月 8月	・暑いので、喉通りがよく食べやすい献立を工夫する ・水分補給が充分できるように気を付ける ・衛生面に注意する	きゅうり　トマト　ピーマン　いんげん　なす　枝豆 しそ　かぼちゃ　とうもろこし　レタス　プラム　すいか いさき　あじ　たちうお
		きゅうり　トマト　ピーマン　いんげん　なす　枝豆 しそ　かぼちゃ　とうもろこし　レタス　ミニトマト オクラ　すいか　ぶどう
9月	・秋の根菜を取り入れる ・新豆を味わう ・食欲がだんだん増す為、配膳量を見直す	さつま芋　里芋　豆類　しめじ　えのき　栗 ぶどう　りんご（早生）　みかん（極早生） さんま　しじみ
10月	・献立に秋を取り入れる ・箸の練習を始める　まんぼう組（3歳児）	さつま芋　里芋　しめじ　しいたけ りんご　みかん（早生）　梨　柿　さんま　さば　鮭
11月	・新米を味わう	新米　さつま芋　里芋　しめじ　なめこ りんご　みかん　ラ・フランス　柿　さば　イカ
12月	・体が温まる根菜や汁物を献立に取り入れる ・あたたかい料理をあたたかく食べる工夫をする	大根　白菜　ごぼう　ブロッコリー　ほうれん草 りんご　みかん　ぶり　たら
1月	・正月を意識した献立を取り入れる ・あたたかい料理をあたたかく食べる工夫をする	大根　白菜　ブロッコリー　カリフラワー 水菜　ほうれん草　ごぼう　りんご　みかん　いわし
2月	・くじら組（5歳児）のリクエストメニューを入れる ・あたたかい料理をあたたかく食べる工夫をする	春菊　大根　ブロッコリー　カリフラワー　にら ぽんかん　りんご　さば　あさり　わかさぎ
3月	・くじら組（5歳児）のリクエストメニューを入れる ・献立に春を取り入れる	にら　菜の花　うど　はっさく　いよかん　ネーブル 清見オレンジ　いちご　はまぐり　さわら

食育計画の1例です。「食事への配慮」や「旬の食材」、「こどもの食体験」などの項目もあり、毎月の保育計画がイメージしやすいですね。
食育は、調理師や栄養士、地域との連携も大切になります。

若葉台バオバブ保育園調理室

	こどもの食体験	家庭へ	通年の取り組み
			献立会議
	お米種まき(4月) くじら組(5歳児) 苗の収穫(5月) くじら組(5歳児) 空豆のさやむき スナップエンドウの筋取り グリーンピースのさやむき	献立表　もぐもぐ(お便り) 見本食　食材展示	・乳児、幼児、毎月献立会議で献立の中身を一緒に検討する。 ・献立以外にも、行事の事、食にまつわる日々の事を話せる時間にしたい。
		献立表　もぐもぐ(お便り) 見本食　食材展示 試食会	
	梅ジュース作り　梅干し(塩漬け) 手作りうどん 田植え　くじら組(5歳児)	献立表　もぐもぐ(お便り) 見本食　食材展示 梅ジュース 　(てるてるぼうずの会)	**高畠(生産者)との交流**
	七夕の会食(7月) 梅干し(土用干し) 味噌天地返し とうもろこしの皮むき	献立表　もぐもぐ(お便り) 見本食(写真)　食材展示	・援農(9月稲刈り)に参加する　年1回 ・2月の作付会議に積極的に参加する
	お米収穫　くじら組(5歳児)	献立表　もぐもぐ(お便り) 見本食(写真)　食材展示	**食材への配慮**
	秋刀魚焼きの会 脱穀　くじら組(5歳児)		・国産、無農薬、減農薬の物をなるべく選んで購入。
	新米の日 芋ほり　　ほくほく祭り	献立表　もぐもぐ(お便り) 見本食　食材展示	・顔の見える関係を大切に。
	鯖の解体　たくあん作り お楽しみ会食	献立表　もぐもぐ(お便り) 見本食　食材展示 親子味噌作り	**調理保育について**
	野焼きパン　お抹茶の会　くじら組(5歳児) 餅つき	献立表　もぐもぐ(お便り) 見本食　食材展示	①計画表を出す 　(相談受けます) ②準備は基本前日に ③エプロン三角巾着用 ④手洗いはしっかり ④検食を取る ※<u>クラスで嘔吐・下痢が出ているときはやらない。</u>
	豆まき　恵方巻き 味噌作り	献立表　もぐもぐ(お便り) 見本食　食材展示	
	ひな祭り会食	献立表　もぐもぐ(お便り) 見本食　食材展示	

食育計画 その② （人見認定こども園）

平成30年度

食育目標 ○ 意欲的に食べる子を育てる
○ 豊かな食体験を積み重ねる
○ 食文化を伝承する(食事をするときのマナー・食の正しい知識を知る)
○ 子どもの状況に応じた食事に配慮する(時間・味付け・量・アレルギー除去食等)
○ 旬の野菜を子ども達に伝えその味を知る

各年齢の目標	0歳児	1歳児	2歳児	
	・安心した環境の中で乳をのみ安定した良い生活を送る ・一人一人の発達に合わせた離乳食を進め、食べる意欲を育てる	・食事のリズムを整える ・自我の芽生えを大切に、食べる意欲を育てる	・みんなと一緒に食べることを楽しむ ・いろいろな素材の味を知る	

月	行事食・絵本にでてくる食事	畑の収穫	調理体験	
4月	誕生会・保育参加・セレクト給食(年長・年中)			
5月	誕生会・手作りべこもち(郷土料理)・三色団子(サンドイッチ　サンドイッチ)絵本 よもぎ団子(年長　手作り)	大豆(給食で育てる)	よもぎ団子作り(年長児) 絵本おやつのサンドを自分ではさむ	
6月	・誕生会(絵本)・保育参加・ジンギスカン(郷土料理) ・弁当(絵本)	いちご・さくらんぼ	夕食作り(カレーライス作り) 弁当の作った食材を各自詰める	
7月	誕生会(絵本・おやつ) 七夕おやつ(流しそうめん)	かぶ・きゅうり・ピーマン	サラダ・ピザ 流しそうめん	
8月	誕生会(絵本・おやつ)	人参・大根・ミニトマト・じゃがいも	カレーライス・サラダ ゆり組で収穫した野菜でみそ汁作り (だしとみそ汁の違いを知る)	
9月	誕生会(絵本・おやつ) お月見まんじゅう おばあちゃんのおはぎ絵本	かぼちゃ	月見団子(展示用の団子は年長と作る) ・おはぎ作りの途中過程を園児に見せる	
10月	・誕生会(絵本・給食)・豆腐作り(年長)・石狩鍋(郷土料理) ・保育参加(保育士・給食・親と簡単クッキング) ・おやつ(絵本)	さつま芋ほり	保育参加で簡単クッキング 豆腐作り(年長)・さつまいもでクッキング	
11月	・誕生会　　　・おやつ(絵本) ・鮭解体　　　(ちゃんちゃん焼き・郷土料理)			
12月	・誕生会 ・もちつき　　・クリスマス		もちつき・もち成形 クリスマス・鶏肉解体	
1月	・誕生会　　　　　・おせち(絵本) ・鏡開き　　　　　・おばあちゃんの七草粥絵本			
2月	・誕生会　・おにカレー　・ひまわり組で太巻き作り ・いももち(郷土料理)　・おやつ(絵本)		・おにカレー(以上児は自分でおにの顔を作る) ・太巻きを作る(年長)	
3月	・誕生会　・年長リクエスト給食 ・お別れ会　　　・ひなまつり(絵本・おやつ)			
評価・反省				

54

食育計画の1例をご紹介します。行事や絵本とつなげて、食育を保育に取り入れていくところがわかりやすいですね。食文化はそれぞれの地域ごとに特色があるので、子どもたちに地域ならではの食に親しんでもらえるという点で大切な項目です。

人見認定こども園　食育計画

平成30年4月1日

	3歳児	4歳児	5歳児
	・友だちと一緒に食べる楽しさを知る ・いろいろな素材に慣れたり、食事のマナーや食具の使い方を覚える	・友だちと一緒に食べる楽しさを知る ・食べ方や食事のマナーを身につける	・友だちと一緒に食べる楽しさを身につける ・食べ物と体の関係に関心を持つ ・食べ方や食事のマナーを身につける
	食文化	食育指導	保護者に
	おやつのべこもち（郷土料理）	郷土おやつべこもちの由来や作り方を話す 絵本を保育士に読んでもらい食に興味を持たせる	べこもちの由来掲示 お便りで箸の使い方について
	ジンギスカン（郷土料理）	食事の時の姿勢・配膳の仕方 ジンギスカン（郷土料理・由来説明）	
	七夕の由来	配膳のしかた・箸の使い方 絵本を保育士に読んでもらい食に興味を持たせる	七夕の由来掲示 箸の使い方についての話を聞いている様子を掲示
	おはぎの由来 月見団子の由来	おはぎの由来説明 月見団子の由来	おはぎの由来説明表示 月見団子作成様子掲示
	石狩鍋（郷土料理）	石狩鍋（郷土料理・由来説明） 豆腐の効能について	豆腐作り様子掲示
	命の大切さを教える（生き物の命をいただく） ・ちゃんちゃん焼き（郷土料理）	箸の使い方（豆つかみゲーム） 鮭の成分について・ちゃんちゃん焼き由来（郷土調理）	鮭解体様子掲示・箸ゲーム様子掲示
	命の大切さを教える（生き物の命をいただく）	命の大切さを教える（生き物の命をいただく）	クリスマス肉解体様子掲示
	おせち・七草粥・鏡開き	おせち・七草粥・鏡開き由来	行事食を食べている風景掲示 行事食由来掲示
	いももち（郷土料理）	箸の使い方・配膳のまとめ 芋もち（郷土料理・由来説明）	おにカレーを作っている様子、食べている様子を掲示掲示
	ひなまつり由来		年長リクエスト給食掲示

個別教育支援計画 （四季の森幼稚園）

個別教育支援計画

氏 名	中山 明（なかやま あきら）	3歳児　あひる 組 担任 永井 光
生年月日	20XX 年 X 月 10 日生まれ	4歳児　ぞう 組 担任 浅田裕子
通所センター名	発達支援センター	5歳児　さくら 組 担任 中野義雄

入園前の様子 相談歴 発達検査の記録 等	入園前から発達支援センターに相談していた。年少児の頃は課題はあるものの友だちとの関わり合いを本児自身がとても楽しみ、その姿を大事にしていきたいとの思いから保護者とも話し合い、年中では通園には通わずに短期療育のみ行った。自分と友だちとの違いにも気づき始めたことや小学校に向けての支援をするため、年長になってから毎週1回定期的に発達支援センターに通園している。		
生活	支度等やることは分かっているものの取り掛かるのに時間がかかる。本児のペースに合わせながら声を掛ける中で少しずつ行う姿が出てきた。	ことば	問題なく話すことができる。友だちとの関わりの中で覚えた言葉をそのまま使うためあまりよくない表現を用いてしまうことが多々ある。
健康 運動	特に問題ない。	行動	自信がないときや気分が乗らないときはやるべきことを嫌がることが多々ある。嫌なことがあったときに自分の気持ちを上手く表現できずパニックを起こすときもある。
あそび	信号や虫等本児が特に興味を持つ分野に関して本を見たり、製作をしたりして遊ぶ姿がある。	社会性	友だちと遊ぶより自分の好きな遊びを個人で行う姿がある。

本人保護者の思い	幼稚園への入園を大変楽しみにしている様子。発達支援センターとの相談においても、園での生活が充実することで、少しずつ良い方向に向かっていくのではないかとの言葉に少し安心していた。入園してからは多少の混乱はあったが、仲間との生活や遊びが楽しくなり、育ちに必要な経験を得る事が可能となっている事にかなり安心していた。就学については若干の不安を持っている。　　家では兄弟との関わりを楽しんでいる姿もあるため少しずつ友だちにも興味を持ち、集まりや製作にも興味を持てたらと考えている。
支援の目標	・お弁当は保育者や周りの大人に頼らず自分の力で食べられる分を食べる。残す場合は保育者にその旨を伝える。 ・支度は保育者の声掛けにより少しずつ自分の力で行う。 ・周りの友だちに興味を持ち、関わろうとする。
関係機関からの支援情報	・発達支援センターではお弁当の時間はないため、普段の様子を知ることができないが本児の食べられるものを自分の力で食べきれるように本児の保護者と話した。 ・やることが明確に分かっていて理解できると自分で行おうとする姿がある。絵や文字を使って本児に分かりやすくやることを提示することを大切にしている。 ・発達支援センターでも自分の興味のある本や遊びを積極的に行おうとする姿がある。

診断が出た子どもに対する個別の教育支援計画の1例です（名前、内容は架空のものです）。
個別に細やかに記録を残し、園全体で子どもの育ちを把握するようにします。
子どもや保護者の思いを聞き取り、支援につなげていきましょう。

個人指導 課題・目標

氏名　中山　明

日付	子どもの様子/思い（課題と目標 評価）	手立て	保護者の思い
4月	新しいクラスになって中々クラスに入ることができずに園庭で遊ぶ姿があった。/本児の気持ちを受け入れつつ少しずつ新しいクラスで安心して過ごしていけるように支援する。	本児との関わりの時間をできるだけ長く持ち、信頼関係を築いていった。本児の興味を持っていた虫に着目し、一緒にカブトムシと木を作りクラスに専用のコーナーを設けた。そのコーナーで過ごすことを楽しむうちにクラス内に居場所を見つけ安心して過ごせるようになっていった。	
5月	中々集団遊びに参加できない姿がある。/本児の興味が持てそうな時に声掛けを行う。	フリーの先生に個別対応をしてもらい、本児も参加できそうな部分は一緒に参加していた。本児が入ってきた時は声を掛け一緒に楽しんだ。	
	お弁当を中々食べずに遊ぶ姿がある。	本児の様子を見て声を掛け、食べるように促した。食べられたときは褒めることを意識した。食べさせることは行わなかった。	園での様子を知り、本児が食べやすいように小さく切った物をピックに刺して持ってきてもらった。
6月	支度を保育者の声掛けで少しずつ行う姿がある。/本児の様子を見ながら気分が乗りそうなときに声をかける。	本児が「折り紙でカブトムシを作って」等保育者を頼った時に「上靴を履いたらにしよう」と声を掛けると行う姿があった。	
7月	お泊り保育の活動は自分で興味を持ち参加する姿があった。	本児の様子を見て声を掛け、グループで一緒に行動した。少人数だったこともあり抵抗なく活動にも参加する姿があった。	
9月	運動会の活動には中々参加できなかった。/本児の気持ちを尊重しつつ本児なりに参加してほしい。	運動会の練習のタイミングで一緒に外に出るものの練習には参加しなかった。本児の気持ちを尊重しつつこまめに声を掛けた。興味はあるものの中々活動には参加しなかった。リレーは最後の練習で本児が興味を持った自転車で走ってみると本児自身喜ぶ姿があった。運動会にも自転車で参加することで本児なりの参加をすることができた。	本児なりの参加を受け入れ一緒に応援してくれた。
10月	少しずつ自ら支度を行うようになる/保育者声掛けをしなくても自分で支度を進めていけるようになっていってほしい。	周りの様子を見て声をかけることで徐々に本児自身も周りを見ながら動く姿が出てきた。声をかけなくても徐々に自分で支度を行う姿が増えてきた。	
	運動会を終え、クラスで運動会ごっこをしている友だちを見て真似して踊る姿があった。/運動会当日、練習では踊ることができなかった本児であるが本児なりに参加をしていて、踊り方は分かっていたんだなと考えさせられた。		動画を見せることで本児なりに運動会に興味を持っていたことを知り喜んでいた。
11月	さつま芋掘りに向かう道中はしっかり自分で歩く姿があった。	今までは園外に向かう時に自分で歩かずに気持ちが崩れることが多々あったが、自分のペースで歩く本児に合わせて一緒に歩くことを意識することで少しずつ自分で歩くようになっていった。	
	発表会のお話作りの活動に積極的に参加する。	想像力が豊かな本児は最初からお話作りに関心を持っていた。本児のアイデアを聞いてクラスの友達にも「こんなアイデアがあるよ」と示すことで本児もさらに興味を示す姿があった。本児と一緒に遊びの中でもお話作りを行った。	
	発表会の衣装や小物を積極的に作り、練習の際に自分の出番に参加する姿がある。	本児の興味に合わせて信号役を提案したところ喜んで参加する姿があった。練習も毎回参加できるわけではなかったが、自分の気持ちが乗れば参加していた。	
12月	発表会当日、歌の際は舞台袖で参加し、劇は舞台の上に立って行った。	本児なりに歌にも興味があり舞台袖で歌う姿があった。	舞台袖の様子の動画を見せると本児なりの参加を喜ぶ姿があった。

子育て支援事業 事業計画・子育てひろば年間予定（若葉台バオバブ保育園）

子育て支援の事業計画と子育てひろばの年間予定の1例です。子育てひろば全体の事業目標の下、保護者の仲間づくりにも役立つ事業がたくさん計画されています。
核家族で相談する相手が少ない保護者にとって、とても支えになる事業ですね。

平成30年度 子育て支援事業 事業計画

事業名	
子育てひろば全体を通じて	・地域子育て支援拠点として、子育て家庭の多様なニーズに対応し、安心して過ごせる居場所や支えとなるよう心がける。 ・一時保育やクラスの担任・看護師・栄養士 等 園内で連携するとともに、他の支援者や機関ともつながりながら支援を行う。 ・ボランティアへのサポートを通して、地域の子育て力を高め、より良い子育て環境になるよう働きかけていく。
ひろばの日・赤ちゃんの会	・スイミーの部屋を中心に、（中庭・園庭、必要に応じて他の場所も使用しながら）居心地よく、楽しく過ごせるよう配慮する。 ・複数の子ども連れや疲れが見える方等に対しては特にサポートをし、ほんのひとときでもホッとできるように心がける。 ・幼稚園などに就園している子ども・父親・祖父母も参加できるようにする（土曜日にも開催） ・気になることを気軽に聞くことができるような雰囲気づくりを行う。また、参加者同士交流し、伝え合えるよう働きかける。
赤ちゃんの会・離乳食相談会	・保育士・看護師・栄養士がいるという保育園の特性を生かしながら、利用者の気がかりなことに応えていく。 ・参加者同士交流し、いっしょに子育てしていく仲間となっていけるような場づくりを行う。
ウェルカムベビーの会＆あかちゃんフリマ	保育園での子育て支援を知り、足を運ぶきっかけとなるようにする。保育士、時には助産師が、利用者の気がかりなことに応えていくことで、孤立することなく子育てをスタートできるようにする。
ふたごの会・子育て講座 International Hiroba @Baobab おしゃべり会・ちいさなおしゃべり会	利用者の悩みや声・ニーズをもとに、地域のボランティア、先輩ママ・パパにも協力していただきながら、企画・開催する。
出張あそびの広場おひさま	さまざまな目的での利用者の様子を把握し、安全に居心地よく参加できるように配慮する。
「いなぎ子育てマップ～赤ちゃん編」制作支援	・地域のボランティアの方がより主体的に、継続的に活動できるよう支援する。 ・地域の子育て情報が利用者に伝わるシステムを、他の支援者や機関・ボランティアに働きかけながらつくっていく。

子育てひろば 2018年度 年間予定　　2018年4月

			4月	5月	6月	7月	8月	9月	10月	11月	12月	1月	2月	3月
①	ひろばの日		毎週火曜日・木曜日 →											
		月1,2回土	4月26日	5/19、26	6月9日	今後日程調整								
	赤ちゃんの会	月2回会	4/4,18	5/18、25		今後日程調整								
	身体測定・相談	第2火	4月10日	5月8日	6月12日	7月3日	今後日程調整							
	栄養士による相談	調整中		注1	注2	今後日程調整								
②	ウェルカムベビーの会	年4回以上				今後日程調整		今後日程調整			今後日程調整		今後日程調整	
	あかちゃんフリマ	年2回			6月2日					今後日程調整				
③	保育所体験	随時/10組以上		今後日程調整 →				今後日程調整		→	今後日程調整	→		
	ふたごの会	偶数月1回	4月14日		今後日程調整		今後日程調整		今後日程調整		今後日程調整		今後日程調整	
④	サークル・リフレッシュ支援			希望により随時 →										
⑤	子育て講座	月1回以上		5月11日	6/8 6/16	今後日程調整								
	おしゃべり会		4月13日		6/29注									
	スイミー通信の発行	年6回以上	4月19日		6月14日		8月21日		10月18日		12月14日		2月21日	
	出張あそびの広場	年9回	4月18日		6月15日	7月13日		9月21日	10月19日		12月21日	1月18日	2月1日	3月8日
⑥	園庭開放			←			平日						→	
	相談			←			平日						→	
	ひろば委員会			4月13日	5月18日	6月2日	今後日程調整 →							
	訪問相談		希望により随時 →											
⑦	マップづくり	平日	4月27日	5/11PM	6月22日	今後日程調整 →								
		土曜日		5月12日										
	地域連絡会	不明												
			4月	5月	6月	7月	8月	9月	10月	11月	12月	1月	2月	3月

① つどいの場での交流・相談　② 妊娠期からの切れ目のない支援　③ 保育所体験　④ サークル・リフレッシュ支援　⑤ 子育て講座・グループワーク　⑥ 子育てひろば全般　⑦ 利用者支援
注1 赤ちゃんの会にて　注2 子育て講座として開催

地域子育て支援計画 （文京区立お茶の水女子大学こども園）

大学の広いキャンパスを活用した地域子育て支援の計画です。対象者や人数も記載されていて、園で事業の共有がしやすいですね。認定こども園の保育体験も、園の生活の中にとても自然に組み込まれているそうです。とてもいいですね。

平成30年度　　お茶の水女子大学こども園　地域子育て支援計画

作成　施設長・担当職員

支援事業	内容	日程・実施場所	人数
① こども園見学 子育て相談	こども園入園希望者及びこども園に関心がある保護者を案内し、こども園での生活や遊びについて伝える。子育て相談も受ける。	こども園園内 5月20日から開始 毎週金 15:00〜 （4月・8月休み）	＜対象＞ 出産前〜3歳未満児の保護者 5名程度
② おちゃこ 親子広場	地域の親子がこども園園舎・園庭・大学構内で遊ぶ。親子にとって安心できる遊びの場、語り合いの場をつくる。子育て相談も受ける。 A＜てんとうむしひろば＞ 5月1日現在　6か月〜1歳6カ月 B＜ちょうちょひろば＞ 5月1日現在　1歳7カ月〜未就園児	保育室・園庭・大学内 各広場 月1回金曜日 9:45〜10:45 前期・後期 A.1回目 5月19日 → B.1回目 5月26日 → 後期は9月より開始 ＊雨天中止 ＊感染症の時期は中止	＜対象＞ 0歳〜2歳児 地域の親子 0歳児　6組 1.2歳児　8組 同じ親子が5回参加で終了
③ お茶大学びの カフェ	ちょっと一息、お茶を飲みながら子育てを語り合い学び合う。 ・園長　子育ての話 ・栄養士　「簡単おやつ」「季節の食事工夫」 ・看護師と園医　「乳幼児期のスマホ」 ・担当職員　「親子あそび」 ・施設長　あそびと手作りおもちゃ ・園長　入園前の話　7回	場所 大学内　501室 ① 5月 ② 6月 ③ 7月 ④ 9月 ⑤ 10月 ⑥ 11月 ⑦ 12月	＜対象＞ 子育てに関心がある地域の方 12〜15名程度
④ 保育体験	親子でこども園の生活や遊びを体験し、同年齢の園児と一緒に遊び、保育者の対応や言葉がけ等にふれる。子育て相談も受ける。	1歳・2歳児の保育室や園庭、大学内散歩 9:45〜10:45 1歳児　第1.3木曜日 2歳児　第2.4木曜日 9月・10月11月 ＊感染症の時期は中止	＜対象＞ 1歳児・2歳児 1日1組〜2組
⑤ 子育て相談	①〜④までの子育て支援事業の際に必要に応じて相談を受ける。電話等でも受け付ける。	随時、受け付け	＜対象＞ 0歳児から就学前の保護者

地域との連携計画 （関東学院六浦こども園）

2018年度　地域との連携計画

月	目　標	園庭開放	子育て講演会	親子で遊ぼう（未就園児対象）	町内会館でのふれあい活動	
4					4日（水） イースター遊び	
5		第2水曜日 第4水曜日	16日（水）　○○先生（有識者） 『遊びってこんなに大事だったの？』 〜子どもは善くみればみるほど善くなる〜	30日（水） 新聞紙で遊ぼう	2日（水） 詩吟	
6		第2水曜日 第4水曜日	20日（水）　○○先生（有識者） 『子どもが自ら育つ環境づくり』 〜挑戦も安心も大切にする保育へ〜		6日（水） 木工	
7	◎地域の方に園に足を運んでもらう。 ◎地域の方が園庭で遊ぶことで安心して過ごせる場を増やす。 ◎子育て中の方々の仲間つくりをサポートし、園を利用して安心して過ごせるようにする。	第2水曜日 第4水曜日		11日（水） 紙袋パペット	4日（水） 七夕飾り作りとお話	
8		第2水曜日 第4水曜日			1日（水） 水遊び	
9		第2水曜日 第4水曜日		12日（水） 水鉄砲つくり 傘袋ロケット	5日（水） おもちゃ作り	
10	◎地域の方に園に来ていただき、園児の生活を豊かにする。	第2水曜日 第4水曜日	13日（土）　○○先生（有識者） 『丈夫な子どもに育つように 　　　　　大人ができること』	10日（水） 追いかけ玉入れ	3日（水） 書道	
11		第2水曜日 第4水曜日		21日（水） パラバルーン	7日（水） 茶道	
12		第2水曜日 第4水曜日			5日（水） クリスマスリース作り	
1		毎週 水曜日	23日（水）　○○先生（有識者） 『知っておきたいアレルギーケアの最前線』	23日（水） もこもこ紙コップ	9日（水） お正月遊び	
2		毎週 水曜日		27日（水） 片栗粉粘土	6日（水） お琴	
3		毎週 水曜日			6日（水） 着付け	

地域資源を有効活用している連携計画の1例です。園と地域のとてもよい関係がうかがえる計画ですね。地域との連携をデザインすることで、園の生活も地域・家庭の生活も豊かになっていくことでしょう。ぜひ参考にしてください。

関東学院六浦こども園

	容		
	地域の方によるおはなし会	地域の方による栽培（畑）活動	その他
	6日 進級児向け	春キャベツ収穫 じゃがいも芽かき	
	10日 3歳児向け 29日 4歳児向け		親と子のひろば『おりーぶ』 　　看護師が講話をする。
	5日 5歳児向け 19日 3歳児向け 28日 乳児向け	ジャガイモ収穫 さつま芋の苗植え 30日(土) おりぶ祭(バザー) 竹細工のコーナーを担当し、交流の時を持つ。	12日(火) 花の日礼拝 朋(障碍者通所施設)に保護者が、金沢福祉センターと追浜消防署に子どもたちが、花を届け交流の時を持つ。 30日(土) おりぶ祭(バザー) 金沢福祉センターや港南台教会、朋(障碍者通所施設)の方に出店してもらい、交流の時を持つ。 親と子のひろば『おりーぶ』 　　看護師が講話をする。
	5日 4歳児向け 24日 幼児向け		親と子のひろば『おりーぶ』 　　看護師が講話をする。
	11日 3歳児向け	大根の種まき	親と子のひろば『おりーぶ』 　　看護師が講話をする。
	2日 4歳児向け 16日 5歳児向け 30日 乳児向け	白菜の苗植え	親と子のひろば『おりーぶ』 　　看護師が講話をする。 31日(水) 　親子コンサート
	6日 3歳児向け 13日 4歳児向け	さつま芋収穫 焼き芋	15日(木) 収穫感謝礼拝 朋(障碍者通所施設)に、金沢福祉センターと追浜消防署に子どもたちが、果物を届け交流の時を持つ。
	6日 5歳児向け 11日 3歳児向け 20日 幼児向け		10日(月) 　CSP講座 親と子のひろば『おりーぶ』 　　看護師が講話をする。
	22日 4歳児向け	大根収穫	親と子のひろば『おりーぶ』 年長組の子どもたちが歌などを披露し、交流の時を持つ。
	12日 5歳児向け 28日 5歳児向け	春キャベツの苗植え	親と子のひろば『おりーぶ』 　　看護師が講話をする。 年長組の子どもたちが歌などを披露し、交流の時を持つ。
	5日 乳児・3歳児向け	ジャガイモ種芋植え	親と子のひろば『おりーぶ』 　　看護師が講話をする。

就園前の保護者は子育ての相談をする相手が少ないことも多いので、専門家や保育者、看護師の話は参考になることでしょう。園からの発信だけではなく、地域の方による園児へのおはなし会や栽培活動もとてもいい企画ですね。

防災訓練計画表 （関東学院六浦こども園）

防災訓練計画は、今回の要領・指針の改訂・定で特に大切とされている1つです。毎月の避難訓練の想定内容とねらいが具体的になっているので、実際の避難をイメージしやすいですね。訓練の後は職員間で振り返りをすることも大切です。

2018年度　防災訓練計画表　　関東学院六浦こども園

月日時間	想定内容	ねらい	訓練内容
4／18（水）	避難訓練年間計画の確認	2018年度の避難訓練について職員間で共通認識を図る。	○避難訓練計画表の確認 ○消火器の位置の確認 ○地震、火災、津波等の基本的な避難の仕方を確認する。
5／2（水） 10：30	地震 （軽度）	地震の際の合図、避難方法、約束を覚え知る。	○放送を聞き担任または近くの保育者の側に集まる。 ○人数の把握。 ○わかり易く地震発生時の避難の仕方を知らせる。
6／8（金） 10：50	地震 （軽度） クラス活動中	クラスに集まっている時の避難の仕方を知る。 落ち着いて行動する。	○放送を聞き担任または近くの保育者の側に集まり、頭を保護し、しゃがむ。人数確認。 ○クラスごとに避難の仕方を知らせる。
7／5（木） 11：00	地震（中度）後 火災 （厨房より出火）	保育者の指示に従い、約束を守って落ち着いて行動する。	○放送を聞き、担任または近くの保育者の側に集まる。 ○安全な場所で、頭を保護し、姿勢を低くする。 ○厨房より出火の放送で担任の指示の下、園庭に避難する。人数確認
8／17（金） 15：30	地震 （中度）	長時間、預かり保育時での地震の避難の仕方を知る。	○放送を聞き、近くの保育者の側に集まる。 ○頭を保護し、姿勢を低くして揺れがおさまるまで待つ
9／4（火） 10：30	警戒宣言発令され保護者が園に迎えに来る訓練	自宅又は勤務・外出先からこども園までのルート、所要時間の確認と危険箇所の把握	○10：30．保護者がテレビ等の報道で「地震警戒宣言発令」を知り、直ちにこども園に迎えに来る。 ○こども園までのルートや所要時間、途中の危険箇所等を確認する。
9／27（木） 10：30	地震 （中度）	保育者の指示に従い、約束を守って落ち着いて行動する。	○放送を聞き担任または近くの保育者の側に集まり、頭を保護し、しゃがむ。 ○揺れがおさまったら園庭の安全な場所に避難する。人数確認。
10／23（火） 10：50	火災 職員室より出火 （消防署と合同）	指示に従い落ち着いて行動する 日頃の訓練の様子を消防士さんに見てもらい、助言を頂く。	○六浦消防署と合同訓練 ○「厨房より出火しました」の放送で担任の指示に従い、全園児、園庭へ避難する。人数確認 ○消防士の話を聞いて職員の消火訓練を見る。
11／7（水） 10：40	地震 （中度） 30分後津波	地震後、津波発生の連絡を受け、園外への避難の仕方を知る。 落ち着いて行動する。	○放送を聞き、担任または近くの保育者の側に集まる。 ○頭を保護し、姿勢を低くして揺れがおさまるのを待つ ○「津波警報システム」から約30分後に津波が到達する放送あり。大学1号館ロビーへ避難する。人数確認。
11／27（水） 18：00	災害対策研修	災害時に教職員が冷静に判断、行動ができるように研修する。	○区で行われている研修に参加し、災害時に対応する技術を学ぶ。
12／4（火） 10：00	地震 中〜強度 自由活動中	保育者の指示に従い、身の安全を図り、避難する。 約束を守って落ち着いて行動する。	○すばやくテーブルの下に避難し、落下物を避ける。 ○揺れが完全におさまるまで頭を保護し待つ。 ○揺れがおさまったら園庭の安全な場所に避難する。
1／29（火） 10：20	火災 2階ミニキッチン付近より出火	保育者の指示に従い、約束を守って落ち着いて避難する。	○発見者は大声で知らせるとともに消火器で消火する。 ○園庭の安全な場所に避難する。人数確認
2／27（水）	予告なし	合図により、落ち着いて保育者の指示を待つ。 約束を守って素早く行動する。	○保育者と子どもたちが速やかに行動する。 ○自主的に静かに敏速に行動できるか確認する。 ○約束の確認をする。　☆1年間の総仕上げ
3／20（水） 17：00	地震 （軽度） 自由活動中	長時間・預かり保育時での帰宅時の避難の仕方を知る。 落ち着いて行動する。	○放送を聞き担任または近くの保育者の側に集まり、頭を保護し、しゃがむ。人数確認。 ○お迎え時間の避難の仕方を知らせる。

第4章

4月の月案と資料、要録

この章では、4月の指導計画と資料を掲載します。月案と資料を併せて読むことで計画の作り方が見えてきます。また、園での子どもの育ちを小学校へ伝える要録のポイントも解説します。さあ、「子どもの姿ベース」を大切にしながら、作成してみましょう。

ポイントを押さえて、わかりやすく簡単に!
指導計画 月案の書き方

指導計画は、園種や地域によって記入項目に差異があったり、園で決められた記入用紙があったりしますが、基本となる項目とその考え方は同じです。本書の例を指導計画立案の参考にしてください。

※本書は、協力園の既存の指導計画を参考に、「子どもの姿ベース」の計画としてまとめたものです。年齢によって協力園が違うため、行事などの一部が統一されていません。
※本書では、0歳児、1・2歳児、3～5歳児と、子どもの年齢により3つのパターンのフォーマットで作成しています。

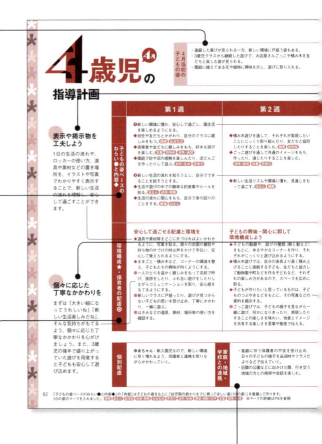

A 4月当初(前月末)の子どもの姿

前月の終わりのクラスの様子や子どもの姿です。顕著に現れた発達や、興味・関心、かかわり合いを記します。

※本書では、4月の計画を掲載しているため、「4月当初の子どもの姿」としています。
※0歳児の計画は子どもごとに、1・2歳児は、全体と子どもごとの両方を記しています。

E 子どもの姿ベースのねらいと内容

「月のねらい」に向かうための保育・教育内容です。子どもの生活に沿って考えます。内容を考える際は、「幼児期の終わりまでに育ってほしい姿(10の姿)」などの視点をもつことが大切です。

※本書では、3～5歳児は「幼児期の終わりまでに育ってほしい姿(10の姿)」、1・2歳児は「5つの領域」、0歳児は「3つの視点(健やかに伸び伸びと育つ[自分との関わり]、身近な人と気持ちが通じ合う[人との関わり]、身近なものと関わり感性が育つ[物との関わり])」で、それぞれのマークをつけて示しています。
※3～5歳児はクラス全体の計画を週ごとに、0歳児は個別の計画、1・2歳児はクラス全体と個別の計画を記入しています。

> 月ごとに、または年に何回か、資質・能力の「3つの柱」や「3つの視点」「5つの領域」「10の姿」などを意識しながら、指導計画を見直してみましょう!

F 環境構成・保育者の配慮

「子どもの姿ベースのねらいと内容」のために必要な環境構成と保育者の配慮です。「環境構成」「保育者の配慮」に分けて考えるため、マークをつけています。

※本書では、3～5歳児はクラス全体の計画を週ごとに、0歳児の計画は子どもごとに、1・2歳児はクラス全体と子どもごとの両方を記入しています。

G 家庭・地域・学校との連携

保護者と共有しておきたい子どもの姿や、保護者支援について記入。また、地域や小学校との連携についても記入します。

※本書では、0～2歳児は家庭との連携のみ設定。

H 評価(子どもを捉える視点・見通し)

その月の保育を見直し、「今月のねらい」に対して子どもの活動がどうであったかを記入します。

64

B 月のねらい

その月のクラス運営の柱となるものです。資質・能力の「3つの柱」である「知識・技能の基礎」「思考力・判断力・表現力等の基礎」「学びに向かう力・人間性等」を意識し、子どもの発達過程を考慮しつつ、「前月末の子どもの姿」からさらにどのように育ってほしいかを考えて立てます。年間計画にある「その時期のねらい」も反映させます。

※本書では、資質・能力の「3つの柱」の主に何を育てるために設定したねらいかをわかりやすくするために、3種類の下線を入れています。

C 健康・安全・食育の配慮

健康・安全・食育の配慮について、その月の環境設定や保育者の配慮が必要な項目を記入。

D 行事

その月の主な行事をまとめて記入。

指導計画ありきにならないよう、目の前の子どもの姿から、柔軟に指導計画を作り変えてみてください。生きた計画になっていきます。

「子どもの姿ベース」の計画を作るポイントはココ！

子どもの姿をどのように指導計画に反映すればよいか、その月の計画で重要となるのはどこか――。よりよい指導計画作りのためのポイントをまとめました。

集まりの時間を工夫しよう

出席を取ったり、1日の流れを確認したりするだけでなく、今、自分が何に取り組んでいるかを紹介し合ってみましょう。友だちの新たなよさに気づいたり、やってみたい遊びが生まれるきっかけになります。

子どもの興味・関心に目を向けよう

子どもの興味・関心や「つぶやき」をもとに環境を再構成してみましょう。子どもたちの「もっと、こうしたい」とか「○○があればいいんだけど……」という声を拾っていき、環境を再構成していくと遊びが深まり、広がっていきます。

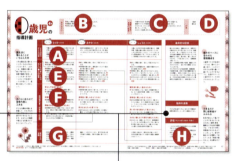

I 職員の連携（0～2歳児のみ）

「月のねらい」に向かうため、保育者間で必要になる連携を記入。

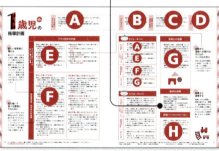

環境構成や活動内容をまとめた資料つき！

その月の計画と連動した、具体的な環境構成や活動内容をまとめた資料をつけました。月案作成の元となる資料ですので、併せて読むと計画の作り方が具体的に見えてきます。

5月以降の月案と資料は、『0・1・2歳児 子どもの姿ベースの指導計画』『3・4・5歳児 子どもの姿ベースの指導計画』に掲載。併せてご活用ください。

0歳児の指導計画 4月

月のねらい	❶新しい環境に慣れ、安心して過ごせるようになる。 ❷保育者に慣れ、親しみをもてるようになる。 ❸好きなおもちゃを見つけて、かかわろうとする。

●園生活に慣れることがいちばん大切

4月は園生活に慣れることがいちばんのねらいになります。しばらくは、保護者と離れる時に不安で泣いたり、食事や睡眠が安定しないこともありますが、一人ひとりの生活のペースを大切にして、柔軟に対応していきましょう。

●子どもに合わせて保育内容に工夫を

子どもの興味や関心を把握して、それぞれの月齢と興味に合わせた遊びができるようにします。おもちゃの種類や数なども充実させておくとよいでしょう。

	えりか (3か月)	あやか (6か月)
4月当初の子どもの姿	・午睡から目覚めた後は抱っこを求めて泣く姿が見られる。抱かれると安心して指しゃぶりをしながら再び入眠する。少し慣れてくると視線が合うようになり、動くものを目で追うようになってきた。	・他児の食事場面を見て、食べたそうに手を伸ばし、よだれを出す姿が見られる。床に腹ばいになるとグライダーポーズをとることが多い。
子どもの姿ベースのねらい●と内容◆	❶新しい環境に慣れ、安心して過ごせるようになる。 ◆落ち着いた雰囲気の中でミルクを飲んだり眠ったりする。 自分 ❷保育者に慣れ、親しみをもてるようになる。 ◆喃語を優しく受け止めてもらい、保育者とのやりとりを楽しむ中でふれ合うことの心地よさを味わう。 人 ❸好きなおもちゃを見つけて、かかわろうとする。 ◆偶然にふれたもの、関心をもったものに自ら手を伸ばす。 もの	❶新しい環境に慣れ、安心して過ごせるようになる。 ◆保育者の膝に座り、離乳食を1さじずつ進め、食べ物に慣れる。 自分 ❷保育者に慣れ、親しみをもてるようになる。 ◆顔を近づけてくる保育者に笑顔で応える。 人 ◆保育者の口ずさむ歌に耳を傾け、じっと見る。 人 ❸好きなおもちゃを見つけて、かかわろうとする。 ◆視線をおもちゃに集中させ、目当てのおもちゃに向かってくり返し手を伸ばす。 もの
環境構成★・保育者の配慮◎	**安心して生活するために** ★ベッドは明るすぎない静かな場所に置く。 ◎入眠の特徴を把握し、安心して眠れるようにする。 **保育者に親しみをもつために** ◎目覚めている時は優しく穏やかな雰囲気で声をかけながら、常に応答的な対応を心がける。 **興味のあるものを見つけるために** ★保育室の天井から遊具（モビールなど）を吊るし、風などで揺れる様子を見られるようにする。 ★「ふれて確かめる」「なめて確かめる」という遊びをたくさん行えるように、安全性の高いおしゃぶりなどを用意する。	**離乳食のスタート** ★保育者の膝に抱かれて食べる。エプロンをつけて、おしぼりで手と口を拭いて食べ始めるようにする。 **保育者に親しみをもつために** ◎1対1でかかわる時間を大切にし、わらべ歌などを歌いながら、体にふれて遊ぶことをたくさん行う。 **好きなおもちゃを見つける** ★好きなおもちゃを子どもの視界に入る場所に置き、いつでも自分で取れるようにしておく。
家庭との連携	・自宅での生活のリズムを把握したり、入眠時の特徴などを聞き取ったりしながら、できるだけ家庭での生活と同じような対応ができるようにする。園での様子は細かく伝え、保護者の心配を減らすように配慮する。	・連絡ノートのやりとりから、家での生活と遊びの様子を把握し、園での活動に取り入れていく。

66　「子どもの姿ベースのねらい●と内容◆」の「内容」は子どもの姿をもとに「3つの視点」を意識して作ります。3つの視点のマークを入れました。
自分　人　もの　※マークの詳細はP8を参照

| 健康・安全・食育の配慮 | ・午睡中のSIDS（乳幼児突然死症候群）チェックを必ず行い記録する。
・細菌やウイルスの感染を防ぐために、生活環境を衛生的に保つ。
・おもちゃは、口に入る大きさのものがないか、破損したものがないかなど、常にチェックする。
・おもちゃを清潔に保つため、毎日消毒する。 | 行事 | ・入園式
・誕生会 |

しょうた（8か月）

- 入園と8か月の不安定な時期が重なり、登園の際、母親と離れる時に大泣きをしている。しかし日中は泣くことなく、ハイハイをしながら探索活動をする。「やりもらい遊び」をして保育者とのかかわりを楽しんでいる。

---

❶ 新しい環境に慣れ、安心して過ごせるようになる。
◆ 安心できる雰囲気の中、食事の手順がわかり、自ら食事に向かう。 自分
❷ 保育者に慣れ、親しみをもてるようになる。
◆ 「ちょうだい」「ありがとう」「はい、どうぞ」などのやりとりを保育者と一緒に楽しむ。 人
❸ 好きなおもちゃを見つけて、かかわろうとする。
◆ ハイハイをしながら十分に探索活動を楽しむ。 もの

離乳食を楽しく進めるために
○「おかゆ美味しいね」「温かいお味噌汁飲もうね」などと食材の味覚、感覚についても言葉にして伝えていく。

保育者に親しみをもつために
○ 好きな保育者を目で追いかけたり、側に行ったりした時は、すぐに笑顔で声をかけて対応し、「いないいないばあ」などの遊びで応えるようにしていく。

思い切り体を動かして遊ぶために
★ ハイハイをしてたくさん移動できるように、廊下などの広いスペースを用意する。

なめる、噛むなどの遊びを楽しむために
★ おもちゃは、誤飲しないサイズ、有害物質が入っていないものを選ぶようにする。様々な形や固さを楽しめるように、木製、タオル地、ゴム製など多様な素材を用意する。

・人見知りが始まり、朝の泣きが激しいので、日中は笑顔で遊んでいる様子を家庭に積極的に伝えていく。

基本的な配慮

- 語りかける時は、視線を合わせ、表情や口の動きがはっきり見えるようにする。抑揚をつけて、ゆっくり話すようにする。子どもの名前も積極的に呼びかけるようにする。
- 機嫌のよい時も、悪い時も、優しく声をかけながら、くり返し抱っこをし、信頼関係を築いていく。
- 決まった保育者が授乳や食事、睡眠などのかかわりを行い、安心できる環境になるように心がける。
- それぞれの子どもの起床時間、登園時間、午前寝の有無、自宅での夜の睡眠の様子などを把握し、安定した生活リズムになるように心がける。まだリズムが安定しない場合、その日の対応を柔軟に行えるように職員同士の連携を密にし、体制を整えておく。

職員の連携

・子どもの生活のリズムに合わせて保育者の役割分担を行い、しっかりと確認しておく。

評価（子どもを捉える視点・見通し）

・一人ひとりの子どもの生活のリズムを保障できているか。
・一人ひとりの子どもが、安心して園生活を送ることができているか。
・一人ひとりが好きな遊びを見つけて、充実した時間を過ごすことができているか。

● 個々のペースに合わせた環境構成を

0歳児クラスの生活のリズムは、個々により違います。一人ひとりの子どもが落ち着いて過ごすことができるように、生活のスペースと遊びのスペースを分けられるとよいでしょう。

● できるだけ同じ保育者がかかわる

乳児が安心して過ごすことができるようになるために、食事、排泄、睡眠などの生活の場面では、できるだけ同じ保育者がかかわるようにしましょう。自分の働きかけを理解して応えてくれる「特定少数の大人」が必要なのです。

「月のねらい」は子どもの姿をもとに、資質・能力の3つの柱を意識して振り返りができるように作ります。本書では特に意識したいものに下線を入れています。
「知識・技能の基礎」......、「思考力・判断力・表現力等の基礎」____、「学びに向かう力・人間性等」____　※下線の詳細はP8を参照

0歳児の資料 4月

新年度、新しい環境に不安でいっぱいの乳児たち。
安心して生活するためにどのような配慮や工夫が必要なのか考えてみましょう。

生活　安心して過ごす

新しい環境との出会いで不安な4月。個別の生活のリズムを保障しながら、
生活の変化を子どもたちがスムースに受け入れられるように工夫をしていくことが大切です。
授乳や食事も、まずは1対1で対応し、ゆったりとした雰囲気の中で進めていきましょう。

それぞれのリズムで生活

0歳児クラスの生活のリズムは、月齢により、一人ひとり違います。それぞれのお腹が空く時間、眠い時間を把握して、乳児が「心地よい」と感じるかかわりを心がけましょう。個別に対応するので、保育者は慌ただしくなりがちですが、ゆったり落ち着いた雰囲気や語りかけを心がけ、乳児が安心して過ごせるように配慮しましょう。

保育者に見守られて安心して眠ります。

授乳

「さあ、ミルクを飲みましょうね」などと語りかけながら、落ち着いた雰囲気の中で授乳をします。優しく言葉をかけることで安心すると同時に、子どもが生活に見通しをつけることにつながります。また、子どもが食事に主体的に参加できるように、手足が自由に動かせるように抱くとよいでしょう。これは自ら哺乳瓶に手を伸ばしてつかむ行為につながっていきます。

離乳食

安心した気持ちで楽しんで食べられるようにすることが大切です。まだ椅子に座れない月齢の場合、保育者に抱かれて食事をします。「もぐもぐ」「おいしいね」と声をかけながら体も心も満足するようなかかわりを心がけましょう。

今月の保育教材

おしゃぶり
両手を交差できるようになるとおしゃぶりを両手で持って、眺めたりしゃぶったりして感触を楽しむようになります。口に入れるので、清潔で安全性の高いものを選ぶようにします。

保護者とのかかわり

保護者の中には、初めての子育てで不安が大きい人もいます。園での様子を細かく伝えていきましょう。

遊び 低月齢　優しい言葉かけに喜ぶ

新しい保育室、新しい友だちや保育者に囲まれて、戸惑いや緊張がある4月。その中で安心して生活し、充実した遊びの時間を過ごすには、保育者の優しい言葉かけとスキンシップ、適切な環境構成が必要です。1対1のかかわりと、家庭的な雰囲気を心がけるとよいでしょう。

かかわってもらって安心する

寝返りをするまでの時期は、仰向けで寝ている状態や抱っこの状態で、優しく話しかけられて喜びます。保育者に声をかけてもらう、「いないいないばあ」などの遊びをしてもらう、わらべ歌などを歌いながら体にふれてもらうことで心地よさを感じています。泣いた時にあやしてもらうのはもちろんですが、機嫌のよい時にも愛情深くかかわってもらうことが大切です。日常的にそれらの経験を重ねることで「安心感」が得られていくのです。うつ伏せの姿勢ができるようになると、顔を上げ、視野が広がります。これが次のステップのハイハイにつながります。

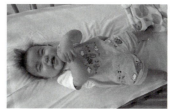

保育者の呼びかけに、笑顔で応じます。

うつ伏せの姿勢から、グライダーのポーズ。

遊び 高月齢　好きな遊びを見つける

落ち着いてじっくりと遊び込めるようになるためには、安全な環境の中で、信頼できる保育者がいつも見ていてくれるという安心感が必要です。ハイハイができるようになってきたら、思い切り動けるスペースも必要です。

あちこち探索

ハイハイができるようになると視点が高くなり、見える世界が変わります。9か月くらいになると「ここまでおいで」の保育者の呼びかけや目指す遊具に向かって笑顔で進んでいくようになります。この時期にたっぷりとハイハイを経験できるように環境を整えたいものです。

移動ができるようになり、興味・関心が広がります。

やりとりを楽しむ

おすわりがしっかりできるようになると、手に持ったものを「はい」と保育者に渡して、やりとりを楽しみます。何気ない動作のようですが、相手との気持ちのつながりを感じる大事な遊びです。このような遊びを通して、保育者への信頼感はさらに深まります。

「はい、どうぞ！」という気持ちで保育者におもちゃを差し出します。

5月以降の月案と資料は、『0・1・2歳児 子どもの姿ベースの指導計画』を参考に！

1歳児の指導計画 4月

4月当初の子どもの姿
- 新しい環境に戸惑い、登園時に保護者と離れがたい子どもや不安そうな子どもがいる。
- 新入園児も落ち着いて過ごすことが少しずつ増えている。
- 戸外遊びを好む子どもが多く、園庭では探索活動を楽しむ姿が見られる。

新しい保育者に慣れる

個々のペースに合わせた排泄、着脱、食事など、丁寧なかかわりをしながら、信頼関係が構築できるようにします。食事場面では、「食べたくない」「食べたい」という気持ちを汲み取って、言葉を丁寧にかけながら、気持ちの切り替えをしやすくします。

落ち着いて遊べる環境にするために

一人ひとりの子どもが興味あるもの、好きな遊びを見つけられるように、仕切りでコーナーづくりをしたり、テラスや廊下などを活用したりして、落ち着いて遊べる場所にします。

クラス全体の計画

子どもの姿ベースのねらい●と内容◆

❶ 新しい環境に慣れ、安心して過ごす。
◆ 保育者に気持ちを受け止めてもらい安心して過ごす中で、自分の思いや気持ちを伝えようとする。 [人間関係][言葉]
◆ 保育者に親しみをもち、安心して過ごす。 [健康][人間関係]
◆ 保育者に見守られながら、安心して眠る。 [健康]

❷ 保育者に見守られながら、好きな遊びを十分に楽しむ。
◆ 保育者と一緒に、じっくり遊びを楽しむ。 [人間関係]
◆ 身近なものに興味をもち、好きな遊びを見つける。 [環境]
◆ 十分に体を動かして遊ぶことを楽しむ。 [健康]
◆ 砂場遊びや自然物にふれるなど、外遊びを十分に楽しむ。 [健康][環境]
◆ 自然物に興味をもち、感触や匂いなどを楽しむ。 [環境]
◆ 絵本に親しんだり、手遊びや季節の歌を歌って楽しむ。 [言葉][表現]

環境構成★・保育者の配慮◎

安心して過ごすために
◎ 新しい環境や保育者に慣れるように、不安な気持ちを受容したり、共感する言葉をかけたりして、抱っこや膝に座るなどを通して1対1のかかわりをもつようにする。
◎ 保育者と共に遊んだり、生活することを通して、安心して過ごし、様々なことに興味をもてるようにする。
◎ 一人ひとりの生活リズムを大切にして食事・睡眠の時間を調整し、無理なく過ごせるよう見通しをもって保育を進める。

好きな遊びを見つけられるようにする
★ 興味がもてそうなおもちゃや素材を用意したり、1対1のふれ合い遊びを取り入れたりすることで、遊びに興味をもち、楽しく過ごせるようにする。
★ 手の届くところにおもちゃを置き、子どもが自由に遊べるようにする。
★ 子どもが好きな遊びを見つけられたり、じっくりと遊びに取り組めるように、保育室の仕切り方を工夫する。
★ おもちゃの数や種類も、子どもの興味に合わせて調整する。
★ 棚の配置や空間の広さは、活動や状況に応じて、柔軟に変更する。
◎ 子どもの気持ちに寄り添いながら、保育者も一緒に遊ぶことで、おもちゃの扱い方、おもしろさを知らせて、好きなおもちゃで十分に遊べるようにする。

体を動かす楽しさを味わえるように
★ 戸外では、砂遊びや水遊びなどの感触遊びが十分に楽しめるように、コップやレンゲなどの道具を用意し、環境を整える。
◎ 水遊びや砂遊びに保育者も参加し、水、砂や土の感触を楽しみながら、感触や硬さの違いに気づけるようにする。
◎ 行動範囲が広くなるので、十分な見守りをし、けがのないように配慮する。

自然物とのふれ合いを楽しむ
★ 草花を見たり、匂いをかいだり、アリなどの生き物を見ることを通して、五感を働かすことができるようにする。
◎ 園庭の散策や散歩の中で、草花や虫などを見つけることを楽しめるように、保育者も一緒に探す。

絵本や歌に親しみがもてるようにする
★ 子どもが絵本に興味をもてるように、目に留まるところ、手が届く場所に絵本を用意する。
★ 絵本コーナーにはベンチを置き、落ち着いて読めるようにする。
◎ ゆったりと絵本を見たり、生活の中で手遊びや季節の歌を歌ったりしながら、言葉に親しみをもてるようにする。
◎ スキンシップを大切にしながら、絵本の読み聞かせを行う。

---

70 「子どもの姿ベースのねらい●と内容◆」の「内容」は子どもの姿をもとに5つの領域を意識して作ります。5つの領域のマークを入れました。
[健康][人間関係][環境][言葉][表現] ※マークの詳細はP8を参照

月のねらい	❶新しい環境に慣れ、安心して過ごす。 ❷保育者に見守られながら、好きな遊びを十分に楽しむ。	健康・安全・食育の配慮	・休息や睡眠が十分に取れるように、一人ひとりのペースに配慮する。 ・ハイハイや伝い歩きの子どもが、安全に遊べるようにスペースを確保する。 ・遊具やおもちゃの消毒、点検をこまめに行う。	行事	・進級式 ・誕生会 ・避難訓練

さくら（1歳3か月）

4月当初の子どもの姿	・新入園児。泣くこともあるが、安定して過ごすことが増えてきた。歩行は数歩で、ハイハイで移動することが多い。食事は手づかみで食べている。
子どもの姿とペースのねらいと内容	○新しい環境に慣れ、保育者との関係を築き、安心して過ごす。 ◆ハイハイや伝い歩きなどをして、体を動かすことを楽しむ。 ◆様々な食材や味に慣れる。
環境構成・保育者の配慮	★安全にハイハイができる場所を確保する。 ◉抱っこをしたり、応答的に言葉をかけたりして、少しずつ保育者に慣れるようにする。 ◉給食時、野菜などはすぐに口から出してしまうが、味に慣れることを大切にする。
家庭との連携	・園での様子を具体的に伝え、安心してもらえるように心がける。 ・給食で食べた食材を伝え、家庭でも挑戦してもらう。

家庭との連携

・掲示物などを使い、送迎の手順、ロッカーの使い方などをわかりやすく提示する。
・保護者の新しい環境への不安や戸惑いを受け止め、子どものクラスでの様子を日々丁寧に伝えるようにする。
・子どもの様子を具体的に知らせながら、安心できるようにコミュニケーションを図る。
・子どもの体調を細かく見ていき、疲れが出ないよう協力してもらう。
・連絡ノートで、子どもの食事や睡眠の様子を伝え合い、生活リズムを整える。

活動から活動への移行は子どものペースを大切に

戸外に出る時や部屋に入る時は、少人数ごとにゆっくり移動し、一人ひとりのリズムやペースを大切にします。

たくみ（1歳10か月）

4月当初の子どもの姿	・周囲の状況に影響されず、自分のペースでじっくり遊ぶ姿が見られる。言葉が多く出てきて、保育者と言葉のやりとりを楽しんだり、絵本を見たりして過ごすことも多い。
子どもの姿とペースのねらいと内容	○新しい保育室、新しい保育者や友だちに慣れる。 ◆自分の好きな遊びを見つけ、じっくり取り組む。 ◆絵本を見たり、保育者と言葉のやりとりを楽しむ。
環境構成・保育者の配慮	★新しい環境のもと、安心して過ごせるようにゆったりかかわり、じっくり遊びを楽しめるように、落ち着ける環境をつくる。 ◉保育者との言葉のやりとりを楽しめるようにする。
家庭との連携	・言葉のやりとりを楽しんでいる姿を家庭と共有する。 ・「自分で」と、自分でやりたい気持ちが出てきていることを理解してもらえるようにする。

職員の連携

・保育者によって対応に差が出ないよう、子どもの様子や保護者からの連絡事項を職員全員が把握する。
・保育者が連携し、子どもの遊びの状況に合わせて、食事スペースを配置する。
・栄養士と連携しながら、一人ひとりに応じた食事を提供する。

評価（子どもを捉える視点・見通し）

・無理なく、安心して過ごせていたか。
・1対1のかかわりを大切にしながら、不安や甘えを十分に受け止めてもらっていたか。
・本人のリズムやペースで食事や睡眠がとれていたか。
・好きな遊びを見つけ、くり返し楽しむことができていたか。

栄養士と連携する

食事にかかる時間と、食事の様子をよく観察し、量や素材の大きさなどを栄養士と相談しながら、一人ひとりの子どもに応じた食事内容になるように配慮します。

「月のねらい」は子どもの姿をもとに、資質・能力の3つの柱を意識して振り返りができるように作ります。本書では特に意識したいものに下線を入れています。
「知識・技能の基礎」………、「思考力・判断力・表現力等の基礎」_ _ _ _ _、「学びに向かう力・人間性等」_____　※下線の詳細はP8を参照

1歳児 4月 の資料

新年度、新しい環境や仲間との出会いの中で、子どもたちが安心して生活し、好きな遊びを見つけ、十分に楽しめる環境を工夫してみましょう。

戸外遊び　好きな遊びを十分に楽しめる工夫

保育者に見守られながら、身近なものに興味をもち、探索活動などをじっくり楽しむことが、保育者との信頼関係をつくり、安心して過ごすことにもつながります。
楽しさや満足感を共有することが、子どもたちのさらなる探究を支えます。

感触遊びが楽しめる環境

　暖かくなってくる季節、子どもたちは、水遊びを楽しむ姿が見られるようになります。不安感のある子どもたちも、水に親しむことで解放感を味わい、安心して遊ぶようになります。
　水道の蛇口をひねって出てくる水を触ることから始まり、道具を使って汲む、流すなど、少しずつ遊び方が変わっていきます。道具を上手に使って、水を移し替えることを楽しむ子どももいます。ペットボトルや泡立て器など、家で見慣れている道具を、子どもたちは好んで使っているようです。道具を使って遊ぶ場合には、子どもが立って使いやすい高さの台などを用意しておくと、遊びが持続しやすくなります。
　砂遊びでは、手でぎゅっと砂を握り、感触を楽しんでいます。握る強さの加減ができないと、ぽろぽろと砂が手から落ちてしまいます。保育者が土のだんごを作って渡すと、その硬さを感じ、感触の違いに気づく機会にもなります。

コップやレンゲでタライの水を汲むことを楽しんでいます。

子どもが遊びやすい高さの台を用意。

砂遊びだけでなく、車を走らせるなど、思い思いの楽しみ方をしています。

今月の保育教材

絵本
『おしくら・まんじゅう』かがくいひろし／作、ブロンズ新社
リズム感のある言葉のくり返しを子どもたちは喜び、くり返し楽しんでいました。例えば、「押されてぎゅ」という場面に合わせて、保育者が子どもを「ぎゅ」と抱きしめたり。新しい環境に不安な気持ちをもつ子どもも、気持ちが和らいでいました。

足蹴りの車で、園庭を移動。

体を動かして遊ぶ環境

　1歳児クラスでは、園庭にある足蹴りの車（左写真）で経験を積み重ねる中で、「蹴る」身体機能が発達することを大切にしています。4月は、「ひと蹴りして少し進む」ことをくり返し、行きたい場所にたどり着くと、そこで降りて別の遊びを楽しむ姿が見られました。

環境構成 安心して過ごせるための環境（室内）

新しい環境に不安を抱く子どもたち。保育者に親しみをもち、
安心して過ごしたり、好きな遊びを見つけたりするためには、
新しい保育室の中に「自分の場所」だと思える環境があることが大切になります。

安心できる環境をつくる

安心して過ごせるように、馴染みのあるおもちゃを新しい保育室でも使えるようにと、0歳児の時に、ベビーカーとして使っていた段ボール製の手作りおもちゃを、1歳児クラスでも活用しています。人形などを座らせ、押して楽しんでいます。友だちが遊んでいる姿を見て、まねをして、同じように遊ぶ子どもの姿も見られます。

「自分の場所」だと思える環境があることで、安心して過ごしたり、好きな遊びをじっくり楽しんだりする子どももいます。

牛乳パックの枠は、安心できる場所になることを目的として作りました。子どもたちは、中に座ることでほっとしたり、枠を積み重ねたり、好きなものを持ち込んで遊んだり、車の道として使うなど、思い思いに使っていました。

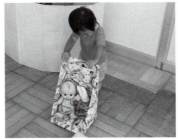

保育者手作りのベビーカー。時には、ベビーカーに自分たちが座り、友だちと楽しさを共有します。

牛乳パックで作った枠は、子どもが自分で移動させることができます。友だちと一緒に入って遊ぶ姿も。

絵本を読む様子を見て、興味をもった子どもが
参加することもあります。

絵本の読み聞かせ

1歳児クラスでは、1対1で読み聞かせをするようにしています。子どもが保育者の膝の上に座って、ゆっくりと絵本を読み進めます。絵をじっくり見る、ページをめくるだけなど、その子どもがこの絵本で何に興味をもっているのかを見極めながらかかわります。

5月以降の月案と資料は、『0・1・2歳児 子どもの姿ベースの指導計画』を参考に！

2歳児の指導計画 4月

4月当初の子どもの姿
- 進級したことに喜びを感じている子どもが多く、新しい部屋やおもちゃに興味を示す様子が見られる。
- 一方で、新しい保育者や環境との出会いに緊張と戸惑いも感じているようで、遊び始めても落ち着かず、周囲を気にする姿も見られる。
- 戸外では花が咲いたことやアリやダンゴムシが出てきたことに気づき、興味をもって見たり、ふれたりすることを楽しんでいる。

個々のペースやリズムに合わせたかかわりを

新しい環境に緊張や不安を感じている子どもたちが落ち着いて過ごせるように、できるだけ一人ひとりのペースやリズムに合わせて、排泄や食事、午睡なども子どもの動きを見ながら対応できるよう、保育者同士の連携を工夫していくことが求められます。

じっくり遊び込める環境の工夫を

新しい保育室やおもちゃとの出会いは、子どもにとって魅力的であり、自分で選び、使ったり、試したりできる環境はとても大切です。しかし、あまりに種類やものが多すぎても、じっくり遊び込むことが難しい姿が生まれることもあります。自ら興味をもったものとじっくりかかわり、遊び込める環境のあり方をその都度検討していくことも大切です。

クラス全体の計画

子どもの姿ベースのねらい●と内容◆

❶ 新しい保育者や環境に慣れ、安心して生活できるようになる。
◆ 新しい環境の中で起こる気持ちの揺れや不安を保育者に受け止めてもらいながら、安心して過ごせるようになる。 健康
◆ もち上がりの保育者を拠り所としつつ、新しい保育者とのかかわりを深める。 人間関係
◆ 新しい保育室の配置に慣れ、自分の持ち物の場所を知る。また、排泄や衣服の着脱などの身の回りのことを保育者に手伝ってもらいながら、自分でもやってみようとする。 健康 環境

❷ 自分の安心できる場所や好きな遊びを見つけていく。
◆ 自分の好きな遊びを見つけ、1人でじっくりと遊んだり、友だちとかかわって遊んだりすることを楽しむ。 人間関係 環境 言葉
◆ 季節の歌や踊りを楽しみながら、体で表現することやリズムが共振する楽しさを味わう。 人間関係 表現

❸ 草花や虫などにふれ、春の訪れを感じて興味をもってかかわろうとする。
◆ 園庭や散歩先などで、春の草花や虫などに出合い、見たりふれたりして親しむ。 環境

環境構成★・保育者の配慮◎

安心して生活するために
★ 自分の持ち物の場所がわかるよう、靴箱やロッカーなどには本人の顔写真を貼る。
★ 個々の遊びの状況や生活のリズムに応じて、食事や午睡、排泄なども、子どもの動きに合わせて対応できるよう、それぞれのスペースと動線を確保する。
◎ 衣服の着脱や持ち物の片づけの時に、安心して覚えられるよう、保育者が丁寧にかかわる。
◎ 一人ひとりの排泄の間隔を把握し、タイミングを捉えて無理なくトイレに誘っていく。
◎ 自分で着替えたいという思いを受け止め、丁寧にかかわり見守る。時には、保育者にやってほしいという気持ちも受け止めていく。

絵本や歌を通して共有や共振の楽しさを味わう
★ 絵本棚の絵本は、子どもの興味や関心に応じて随時入れ替えていく。
◎ 子どもと一緒にゆったりと絵本を味わい、一人ひとりの興味の対象を丁寧に捉え、耳を傾けることで、子どもの興味が広がり伝わる喜びが味わえるようにする。
◎ 遊びの中で自然に季節の歌や踊りを楽しみ、表現することやリズムや動きが共振する楽しさを味わえるようにする。

好きな遊びを見つけじっくりと遊ぶ
★ ままごと、ブロック、卓上遊び、絵本など、それぞれが落ち着いて遊べるよう、子どもの動線に配慮し、遊びの場やコーナーを整える。
★ 新しい環境でも落ち着いて過ごせるよう、1歳児クラスの時に遊び慣れた人形やおもちゃも一部用意しておく。
◎ 保育者も一緒に遊びながら、それぞれの子どもがどんなことを楽しみ、味わっているかを丁寧に捉えたり、そっと見守ったりする姿勢を大切にする。

春の自然に親しみ、興味・関心が芽生えるために
★ 園庭や散歩先で見つけた草花や虫の写真を保育室内に掲示し、自分や友だちの発見を確認したり、共有したりできるようにする。また、クラスオリジナルの散歩マップを作成し、壁面に掲示する。
◎ それぞれの子どもの発見したことや不思議に思ったことを丁寧に受け止め、その驚きや喜びに共感していく。
◎ 散歩先では、一人ひとりの子どもがじっくりと興味のある対象にかかわれるよう、保育者間で子どもの動きを共有し、危険がないよう留意する。

「子どもの姿ベースのねらい●と内容◆」の「内容」は子どもの姿をもとに5つの領域を意識して作ります。5つの領域のマークを入れました。
健康 人間関係 環境 言葉 表現 ※マークの詳細はP8を参照

月のねらい	❶新しい保育者や環境に慣れ、安心して生活できるようになる。 ❷自分の安心できる場所や好きな遊びを見つけていく。 ❸草花や虫などにふれ、春の訪れを感じて興味をもってかかわろうとする。	健康・安全・食育の配慮	・一人ひとりの生活リズムや体調に合わせて、ゆったりと過ごせるように配慮する。 ・安心して入眠できるような環境を整え、睡眠を十分にとれるようにする。 ・食事の前には時間的余裕をもち、落ち着いた雰囲気の中で安心して食べられるよう配慮する。	行事	・進級式 ・保護者懇談会 ・避難訓練

はるか（2歳4か月・女児・新入園児）

4月当初の子どもの姿	・新しい環境に緊張しているのか、不安な表情で登園して来る。 ・周囲の子どもたちの遊びの様子をじっと見ていて、関心のある様子は伝わってくる。
子どもの姿ベースのねらい◆と内容○	○安心して生活し、好きな遊びを見つけ、楽しむ。 ◆不安な気持ちを保育者に受け止めてもらい、保育者をより所としながら、興味のある遊びを見つけ、自分でも遊ぶ楽しさを知る。
環境構成★保育者の配慮◉	◉衣服の着脱や排泄の際などには丁寧にかかわり、安心して自分でもやってみようと思えるよう支えていく。 ◉興味をもって見ている遊びには、保育者も一緒に参加することで、遊び方や楽しさを知ることができるように心がける。
家庭との連携	・園での様子を丁寧に伝え、新しい環境で緊張している分、家庭で甘える姿があれば受け止めてほしいことを伝え、はるかの不安が取り除かれるよう、信頼関係を築いていく。

家庭との連携

・進級に伴う不安を受け止め、子どもも保護者も安心して過ごせるよう、朝夕の送迎時に子どもの様子を丁寧に伝える。
・特に、新入園児の保護者には、安心できるような言葉かけを心がける。
・個々の生活リズムを把握することで、子どもが心地よく過ごせるよう、家庭での過ごし方についても情報共有を丁寧に行っていく。
・保護者懇談会では、園での子どもたちの様子を具体的に伝えるとともに、保護者同士で親睦を深められるような語り合う機会を設ける

子どもの発見や探究を支える壁面の工夫

子ども自身が興味をもったり、発見したことを保育者や友だちと共有したり、自分自身でも振り返ったりするための手がかりとして、写真やマップなどを壁面に掲示します。掲示することで、その対象に対する興味が持続し、他者と共有する楽しさが生まれます。

りょうた（2歳10か月・男児・進級児）

4月当初の子どもの姿	・新しい環境に慣れず、前担任を求めて泣くこともある。 ・園庭や散歩先では、虫に興味をもち、様々な虫を探している。
子どもの姿ベースのねらい◆と内容○	○安心して、じっくり遊ぶ中で興味の対象を広げていく。 ◆様々な虫と出会い、新しい発見のおもしろさや、それを受け止めてもらう喜びを味わう。
環境構成★保育者の配慮◉	★様々な虫と出会えるように、虫のいる公園への散歩を増やす。虫を写真に撮り、保育室に掲示してほかの子どもたちと共有する。 ◉もち上がりの保育者が寄り添い、不安な気持ちを受け止めながら、ゆったりとかかわる。
家庭との連携	・新しい環境に戸惑いはあるものの、もち上がりの保育者や友だちとのかかわりを通して、好きな遊び（虫探し）をじっくり楽しんでいる様子を伝えていく。

職員の連携

・子どもの様子や保護者からの連絡の情報共有を確実に行い、共通理解を図る。
・アレルギー児への対応は調理師・看護師とも連携を取り、配慮点を共有する。

評価（子どもを捉える視点・見通し）

・新しい環境の中で、安心して自分のリズムで生活できているか。
・新しい保育者や友だちとのかかわりの中で、共に暮らす楽しさや心地よさを感じられているか。
・遊びの中で自分の思いや考えを自分なりに表現したり、試したりできているか。春の自然に興味・関心をもってかかわったり、味わったりしているか。

保護者の不安を受け止め、支える様々な配慮

進級・入園したばかりの新年度は、保護者も不安を感じている時期です。送迎時の会話や連絡帳で子どもの姿を丁寧に伝えるだけでなく、保護者会などでは、子どもたちの生活や遊びの様子を写真やビデオで具体的に伝え、ほかの保護者と語り合える機会をつくるなど、様々な工夫をしましょう。

「月のねらい」は子どもの姿をもとに、資質・能力の3つの柱を意識して振り返りができるように作ります。本書では特に意識したいものに下線を入れています。「知識・技能の基礎」......、「思考力・判断力・表現力等の基礎」＿＿＿、「学びに向かう力・人間性等」＿＿＿　※下線の詳細はP8を参照

2歳児の資料 4月

新年度、新しい環境や仲間との出会いの中で、子どもたちが安心して生活し、遊び込めるようになるための工夫を考えてみましょう。

戸外遊び 子どもの発見や対話を広げる工夫

暖かい気候に誘われて、様々な草花や虫が顔を出す春は、子どもたちの興味も広がっていきます。子どもたちの好奇心に応えて、興味をもったものをじっくり観察したり、そこで発見したことを共有できるように工夫したりすることが、子どもたちのさらなる探究を支えます。

春の自然との出会い

散歩先でも、様々な虫や草花に興味をもって、子どもたちは見る、摘む、飾るなど様々なかかわり方をしています。時には、「○○の虫を探したいから、今日は、○○公園に行きたい」と散歩先をリクエストしてくることも……。

子どもたちの声に応えて、散歩の行き先が変わることもあります。

アオムシを見つけた！
少し怖いけれど、2人で見つけたアオムシを、木片に乗せて、じ〜っと観察中。

友だちと一緒に
こちらではダンゴムシ探しに夢中。

それぞれの子どもがカゴを持っていくと、虫探しの気分も高まります。時には、虫カゴが花カゴに早変わりすることも。自分の摘んだ花を何度もうれしそうに確認したり、保育者に見せたりする姿が見られます。自分の発見と収穫が、自分にも、他者にも見えやすくなることで、気持ちも高まり、興味も続きやすくなるようです。

散歩の目的や楽しさを可視化し、共有するために掲示物を工夫する

散歩先で、子どもたちが興味や関心をもったり、発見したりしたことを、日々書き込んでいく「お散歩マップ」を作成。保育室に掲示すると、子どもたちから「○○へ行って、○○を探したい」という目的をもって散歩に行こうとする姿や、各々の発見を伝え合い、おもしろがる姿が見られるようになりました。子どもたちの興味や関心を見える化し、共有しやすくすることで、子どもたち主体の対話や探究が広がっていきます。

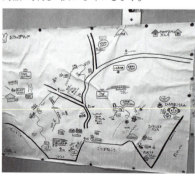

子どもの発見は写真で掲示
散歩先で見つけた虫や花は、その場で写真に撮って、保育室の壁面に掲示してみると、「○○公園にいたね」「ダンゴムシは丸まるんだよ」など思い出しながら、各々の発見を保育者や友だちと共有していく姿が見られます。

今月の保育教材

絵本
『はらぺこあおむし』エリック・カール／作、もりひさし／訳、偕成社

虫に興味をもち、アオムシを見つけた時期だからこそ、絵本の味わい方も違ってきます。お話を聞きながら、壁面に貼られた自分たちが見つけたアオムシの写真を確認しに行く姿も……。

 環境構成

遊び込むための環境構成（室内）

新しい保育室、新しい環境に囲まれて、まだ戸惑いや緊張のある子どもたち。
安心して遊びを楽しみ、じっくりと遊び込むようになるためには、
その時々の子どもの姿に応じた環境の構成と再構成が必要です。

安心して過ごせるように

　新しい環境、新しい保育者との生活の中で、少しでも安心して過ごせるように、新年度当初は、1歳児クラスの時に遊んだ人形やおもちゃの一部を2歳児クラスの保育室に移動します。
　また、「自分のもの」があることで落ち着いて遊び込める子もいるため、1歳児の時に保護者が作った「僕の（私の）箱」（写真右）を2歳児でも引き続き活用しています。

"遊び込む"ために
おもちゃの種類や量を検討

　新しいおもちゃや道具も、最初は使い方がよくわからなかったり、緊張から周りも気になって、遊び始めてみたものの、なかなか遊び込めない姿が見られます。そんな時は、保育者間で相談し、一旦、おもちゃの種類や量を絞ってみても……。遊び始めた子どものそばに保育者が寄り添い、遊びを共有してみると、一つひとつのものにじっくりかかわる姿が見え始めます。

「僕の（私の）箱」。だれかと一緒に遊ぶことが楽しくなると、積み木のように積み上げたり、たくさんつなげて電車ごっこやお店屋さんごっこに使ったりするなど遊びの幅が広がっています。

お鍋に入ったチェーンをスプーンで移し替え始めたAくん。なかなか難しいけれど、黙々とすべてのチェーンを移し終えた集中力には思わず脱帽。

常に子どもの姿に合わせて環境の再構成を

いつまでもおもちゃの種類や量を絞っていれば集中できるというわけではありません。じっくりものにかかわって、試すおもしろさや手応えを得た子どもたちは、次には、もっと別のものも試したくなります。そのため、そのような姿が見られ始めたら、少しずつものを入れ替えたり、種類や量を増やしたりします。それらの中から、自分で選んで遊ぶことができるようになると、子ども同士の新しいかかわりや、遊びと遊びのつながりも生まれていきます。

5月以降の月案と資料は、『0・1・2歳児 子どもの姿ベースの指導計画』を参考に！

3歳児の指導計画（4月）

4月当初の子どもの姿
- 新しい環境や生活に不安を抱き、戸惑ったり泣いたりする子どもがいる。
- 新しい環境に期待感をもって生活し、遊具などに興味をもってかかわる子どもがいる。
- 保護者と離れることで不安になり、泣く姿が見られる。

「楽しいね！」を味わえるように

入園当初は、泣かないで過ごすことを目標にするのではなく、少しの時間でも、遊びに向かえたり、保育者と笑い合えたりすることを目標にしましょう。「楽しいね！」と保育者と一緒に情動を共有できる場面が1日に1つでもあれば、園生活への期待へとつながっていくのです。

保護者やほかの保育者からの情報を大切にしよう

新入園児と進級児との新しい関係の中では、保育者も手探りでかかわらなければならない状況です。日々、ほかの保育者や保護者との対話を心がけ、子どもが安心して生活を送れる環境の構成や保育者の配慮を考えていきましょう。

子どもの姿ベースのねらい●と内容◆

第1週

❶ 保育者に親しみをもつ。
◆ 保育者と話したり、一緒に遊んだりして楽しむ。 [言葉][協同性]

❷ 身近な環境に関心をもち、かかわろうとする。
◆ 新たな遊具やおもちゃに興味をもって遊ぶ。 [社会生活]
◆ 園庭の草花や昆虫、飼育物に興味をもつ。 [自然・生命]

❸ 好きな遊びを見つけ、園で遊ぶ楽しさに気づく。
◆ 園庭で保育者と一緒に、好きな遊びを楽しむ。 [協同性]

❹ 園生活のルールに気づく。
◆ 自分の生活の場所、遊び場を知る。 [健康][社会生活]
◆ 保育者と共に過ごしながら、保育室やトイレなどの場所に慣れていく。 [健康]

環境構成★・保育者の配慮◎

第1週

安心して過ごせる環境を
★ 個人ロッカーには、その子どものものとわかる目印をつける。園に行きたくなるような明るい雰囲気づくりをする。
◎ 子どもが普段使っているトイレと園のトイレの様式が違う可能性があるため、入園前の個々の状況を把握し、手伝いながら使い方を伝えていく。

心の動きに共感して受け止める
★ 周囲の様子が見渡せたり、静かにくつろいで過ごせたりする場所をつくり、絵本や粘土、製作道具、ブロックなどを用意する。
◎ 緊張感や不安感で泣いている子どもには、その気持ちを受け止めて情緒の安定を図る。落ち着けるような場所や遊び、信頼できる保育者を見つけて、安心できるようにする。

第2週

一緒に遊ぶことで安心感や信頼感を
◎ 保育者が一緒に遊び、楽しさを共有することで、生活の場に安心感をもったり、保育者への信頼感が増したりするように配慮する。
◎ 入園・進級当初は張り切って園生活を送っている子どもも、状況により不安を感じることがあるため個々の状況をよく見てかかわっていく。

室内に多様な遊びのコーナーを
★ 入園前や進級前に子どもが好きだった遊びの情報をもとにして、今まで楽しんできた遊びや、新たに興味をもちそうな遊びのコーナーを配置する。

個別配慮

さとしくん：動物アレルギーがあるため、飼育しているウサギとのかかわりに配慮する。
ゆうなちゃん：引越し直後のため、園での様子をよく観察し、保護者との連携を密にする。

家庭・地域・学校との連携

・保護者が子どもの進級や入園に緊張や不安を抱いていることに配慮して、個人面談、保護者会、連絡帳などを通して、家庭での様子を聞き、園での子どもの様子を伝えていく。

「子どもの姿ベースのねらい●と内容◆」の「内容」は子どもの姿をもとに、3歳児の場合は5つの領域と芽生え始めた「幼児期の終わりまでに育ってほしい姿（10の姿）」を意識して作ります。10の姿のマークを入れました。[健康][自立心][協同性][道徳・規範][社会生活][思考力][自然・生命][数量・図形・文字][言葉][感性・表現] ※マークの詳細はP8を参照

月のねらい	❶保育者に親しみをもつ。 ❷身近な環境に関心をもち、かかわろうとする。 ❸好きな遊びを見つけ、園で遊ぶ楽しさに気づく。 ❹園生活のルールに気づく。	
健康・安全・食育の配慮	・昨年度から在籍している子どもと新入園児がいることに留意し、子どもの心身の様子に気を配る。 ・お弁当や給食など、食べることに興味をもてるようにする。 ・新たな場所や素材との出会いが多くなるため、使い方等の安全に気を配る。	
行事	・始業式　・入園式 ・クラス懇談会 ・個人面談 ・体位測定 ・ぎょう虫卵、尿検査 ・誕生会	

第3週 / 第4週

第3週	第4週
◆担任やほかのクラスの保育者と様々な場面でかかわる。協同性	◆保育者と共に遊ぶ中で、他児の存在に気づく。社会生活
	◆散歩を楽しみにし、みんなで出かけることを楽しむ。社会生活
◆遊びの中で保育者や友だちと一緒に遊びを進めていくことを楽しむ。協同性 社会生活	
◆園生活の流れを知り、保育者と一緒に身の回りのことをしようとする。健康 自立心	

それぞれのペースや頑張りを認めて
◉自分の持ち物の整理や身支度などは、自分でやろうという気持ちを尊重し、寄り添って一緒に行う。
◉準備などに時間を要する子どもに対しては、その子のペースを大切にしてゆったりと見守り、張り切って過ごしている子どもに対しては頑張りを認め、それぞれの子どものペースに合わせて次の活動へと促していく。

友だちとかかわりをもつ
★同じ遊びに興味や関心を示す子ども同士が一緒に遊べるように、道具や素材を複数用意する。
◉保育者は子どもと一緒に遊び、子どもの楽しんでいるイメージを共有することで、子ども同士がかかわり合えるように遊びを進めていく。

生活のリズムを整えるように
◉園生活のリズムをつかみやすくするために、1日の流れや保育室内の環境を過度に変えないように心がける。

みんなで一緒に過ごすことを大切に
★集まる時間であることがわかるように、集まる場所にござを敷いたり、椅子を並べたりして視覚的にわかりやすくなるよう配慮する。
◉クラスの友だちの存在を感じたり、集団で過ごす楽しさを味わったりするために、みんなで何かをする時間も大切にする。
◉子どもの生活のリズムや状況などを踏まえて、無理に急がせたり集まることを強要したりしない。また、集まって取り組む時は、内容や時間の長さにも留意する。

個々に応じて

入園・進級当初は、「さあ、皆さん」と集団に向かって呼びかけるより、個々の名前を呼んでかかわるほうがよい時期です。新しい園生活を始めるにあたり、経験や月齢などにより個人差が大きいことに配慮しましょう。保育者の援助方法も画一的ではなく、一人ひとりに応じて変えていきます。

子どもの視線の先や表情に注目

子どもは、一見ぼーっとしているように見えても、躍動的に動いていなくても、友だちの遊びや先生の言動をじっと見ていることがよくあります。そのような子どもの視線の先や表情に注目してみると、その子どもへの理解を深めていくことができるでしょう。

評価を捉える視点（子どもを捉える・見通し）	・園の身近な環境にかかわり、安心感や期待感をもって、園生活の楽しさに気づく姿が見られたか。 ・園生活の流れや身支度の仕方を知ることができる環境構成がなされていたか。	・保育者に親しみをもち、かかわる姿が見られたか。

「月のねらい」は子どもの姿をもとに、資質・能力の3つの柱を意識して振り返りができるように作ります。本書では特に意識したいものに下線を入れています。
「知識・技能の基礎」............、「思考力・判断力・表現力等の基礎」_____、「学びに向かう力・人間性等」_____　※下線の詳細はP8を参照

3歳児 4月 の資料

新入園児・進級児共に、登園を楽しみにし、保育者に親しみをもって過ごせるように、環境を整えたり、個々に応じた援助を心がけたりしましょう。

環境構成　新しい環境に慣れていく安心感

子どもたちは、周りの子どもや保育者の様子を見ながら、自分なりに園の生活習慣を理解しようとしています。保育者は、子どもが理解しやすいように環境を整えることと、不安になった時も共感的に受け止める姿勢をもつことが大切です。

園環境に慣れていく

「どこにタオルをかけるの？」「ここだよ」と、名前が書かれているところを教えてもらいながら、子どもたちは朝の支度をしていきます。大切なのは自分にとって必要なことだと理解することですから、この時期の支度は、無理に自分でさせるのではなく、子どものしたいことを十分させたうえで、個々の状況に応じて支度の必要性を伝えていく配慮をしていきましょう。

「ぼくの場所はここだね」。

「ごはんの前には、手を洗うんだよねー」。

手をつないで、道路を歩く
園外は子どもにとってワクワクする環境です。歩く時のきまりにも、歩き方にも徐々に慣れていきます。今日の散歩の目的や楽しみを明確にして、安心してみんなと過ごせるように心がけます。

園内探検
新しいクラスの場所以外にも園の中には魅力的な場所はたくさんあります。「さあ、ここは何をするところかな？」と、探検しながら園内環境への理解を促し、ほかの場所にも興味を広げていきます。

はじめての避難訓練
園内放送で地震の合図のベルが鳴ったら、先生の話を聞きながら部屋の中央に集まります。「頭を守る時にはダンゴムシのポーズになるんだよ」と、安心させつつも、大切なことを伝えます。

今月の保育教材

歌
「むすんでひらいて」「てをたたきましょう」
一緒に体を動かしながら楽しみます。

絵本
『たろうのひっこし』村山桂子／作、堀内誠一／絵、福音館書店
園環境に慣れるためには、「園に自分の居場所がある」と子ども自らが思えることがいちばんです。絵本では、主人公が"自分の部屋がほしい！"とじゅうたんを持ってお引越し。桜の木の下で友だちとお花見をするという、春の楽しさが感じられる内容です。絵本を読んだ後は、実際にじゅうたんなどを持って園内探索し、自分の好きな場所を見つけて広げてみるのもよいですね。

環境構成　遊びたくなる環境構成（室内）

新しい保育室、新しい環境に囲まれて、まだ戸惑いや緊張がある子どもたちが、
安心して遊ぶためには、その時々の子どもの姿に応じた環境の構成が必要となります。
日々の子どもの様子を捉えながら、新たな環境を用意していきます。

興味・関心をもてる環境構成

新しい環境、新しい保育者との生活の中で、少しでも安心して過ごせるように、使い慣れたおもちゃや興味をもちそうな教材、様々な環境を用意して保育者も一緒に楽しみます。4月は探索行動が多く、遊びが継続することは多くはないと思いますが、次の環境構成に向けて、子どもたちが何に興味をもって楽しんでいるのか、個々の様子を捉える配慮が必要です。

子どもたちは、動植物とのかかわりや、お店屋さんごっこ、ダンスなどの遊びに興味・関心を示していました。

保育の可視化　園での様子を保護者と共有

子ども理解を深めていくために、保護者との連携は欠かせません。保護者理解も含め、
様々な対話が必要です。保護者会、保育参加、登園・降園時などに、園での様子を
伝えたり家庭での様子を聞いたりします。ドキュメンテーションも有効に活用しましょう。

積極的に開いていく

誕生会には保護者を招き、子どものすてきなところや成長したところをみんなで喜び合います。保護者会では、今クラスではやっていること、子どもがおもしろがっている姿を積極的に発信していきます。
　保護者も、園で子どもが楽しんでいることや友だちとの関係が見えてくると、保育に関心をもち、積極的に園に協力してくれるようになります。

左／誕生会には保護者も参加。右／保護者会ではドキュメンテーションを活用して子どもたちの様子を伝えます。

5月以降の月案と資料は、『3・4・5歳児 子どもの姿ベースの指導計画』を参考に！

4歳児の指導計画 （4月）

4月当初の子どもの姿
- 進級した喜びが見られる一方、新しい環境に戸惑う姿もある。
- 3歳児クラスから継続した遊びで、お店屋さんごっこや積み木を友だちと楽しむ姿が見られる。
- 園庭に植えてある花や植物に興味を示し、遊びに取り入れる。

表示や掲示物を工夫しよう

1日の生活の流れや、ロッカーの使い方、道具や素材などの置き場所を、イラストや写真でわかりやすく表示することで、新しい生活の流れを理解し、安心して過ごすことができます。

個々に応じた丁寧なかかわりを

まずは「大きい組になってうれしいね」「新しい生活楽しみだね」、そんな気持ちがもてるよう、個々に応じた丁寧なかかわりを心がけましょう。また、3歳児の後半で盛り上がっていた遊びを用意すると子どもも安心して遊び込めます。

	第1週	第2週
子どもの姿ベースのねらい●と内容◆	❶新しい環境に慣れ、安心して過ごし、園生活を楽しめるようになる。 ◆担任や友だちとかかわり、自分のクラスに親しみをもつ。 健康 社会生活 ◆保育者や友だちに親しみをもち、好きな遊びを楽しむ。 言葉 協同性 感性・表現 ◆園庭で砂や泥の感触を楽しんだり、泥だんごを作ったりして遊ぶ。 自然・生命 思考力 ❷新しい生活の流れを知ろうとし、自分でできることを試そうとする。 ◆生活や遊びの中での簡単な約束事やルールを知る。 自立心 道徳・規範 ◆生活の流れに関心をもち、自分で身の回りのことをする。 健康 自立心	◆積み木遊びを通して、それぞれが実現したいことにじっくり取り組んだり、友だちと協同したりすることを楽しむ。 健康 協同性 ◆ごっこ遊びを通して共通のイメージをもち、作ったり、演じたりすることを楽しむ。 感性・表現 言葉 思考力 ◆新しい生活リズムや環境に慣れ、見通しをもって過ごす。 自立心 健康
環境構成★・保育者の配慮◎	**安心して過ごせる配慮と環境を** ★道具や素材等をどこに片づければよいかわかるように、写真を貼る。個々の衣服の着脱や持ち物の片づけの時は声をかけて手伝い、安心して覚えられるようにする。 ★ままごと・積み木など、コーナーの環境を整え、子どもたちの興味が向くようにする。 ◎一人ひとりを温かく親しみをもって名前で呼び、挨拶をしたり、ふれ合い遊びをしたりしながらコミュニケーションを取り、安心感をもてるようにする。 ◎新しいクラスに戸惑ったり、遊びが見つからない子どもの思いを受け止め、丁寧にかかわり、一緒に遊ぶ。 ◎はさみなどの道具、素材、場所等の使い方を確認する。	**子どもの興味・関心に即して環境構成しよう** ★子どもの動線や、遊びの種類（静と動など）をもとに、ゆるやかなコーナーを作り、それぞれがじっくりと遊び込めるようにする。 ★積み木遊びでは、自分の身長より高く積み上げることに挑戦する子ども、友だちと協力して動物園や町などを作る子どもなど、それぞれの楽しみ方があるので、スペースを広めに取る。 ★子どもが作りたいと思っているものは、子どものつぶやきなどをもとに、その写真などの資料を掲示する。 ◎ごっこ遊びでは、子どもの様子を見ながら一緒に遊び、何かになりきったり、表現したりすることの楽しさを味わい、他者とイメージを共有する楽しさを言葉や態度で伝える。
個別配慮	**ゆあちゃん**：新入園児なので、新しい環境に早く慣れるよう、保護者と連携を取りながらかかわっていく。	
家庭・地域・学校との連携		・進級に伴う保護者の不安を受け止め、日々の子どもの様子を送迎時やクラスだよりなどで伝えていく。 ・近隣の公園などに出かけた際、行き交う地域の方との挨拶や会話を楽しむ。

「子どもの姿ベースのねらい●と内容◆」の「内容」は子どもの姿をもとに「幼児期の終わりまでに育ってほしい姿（10の姿）」を意識して作ります。10の姿のマークを入れました。 健康 自立心 協同性 道徳・規範 社会生活 思考力 自然・生命 数量・図形・文字 言葉 感性・表現 ※マークの詳細はP8を参照

| 月のねらい | ❶新しい環境に慣れ、安心して過ごし、園生活を楽しめるようになる。
❷新しい生活の流れを知ろうとし、自分でできることを試そうとする。
❸春の自然とふれ合い、興味をもってかかわる。 | 健康・安全・食育の配慮 | ・進級した喜びを感じられるようにする。
・新しい場所や遊具の使い方、生活の仕方などを、子どもと一緒に考えたり、確かめたりしながら、子どもと共に園生活をつくっていく。
・一人ひとりの様子や生活リズムや体調に配慮する。 | 行事 | ・始業式
・保護者会
・避難訓練
・誕生会 |

	第3週	第4週
	◆廃材や素材を組み合わせてイメージしたものを作ることを楽しむ。 感性・表現 健康 思考力	◆園庭で、鬼ごっこやごっこ遊びを楽しむ。
	❸春の自然とふれ合い、興味をもってかかわる。 ◆園庭の草花や春の生き物に親しみをもつ。 自然・生命 思考力 ◆園庭の草花を、遊びに取り入れる。 自然・生命 思考力	◆自分の思いを表現し、みんなに伝える喜びを味わう。 ◆1日の中で楽しかったことや新たに気がついたことを発表したり、聞いたりすることを楽しむ。 言葉 感性・表現 社会生活
	子どもの興味・関心や問いに目を向けよう ★草花や昆虫について調べられるように図鑑などを用意する。 ★翌日も遊びの続きが楽しめるよう、衣装や小道具、製作途中のものなどの置き場所を準備する。 ◉子どもが粘り強く虫を捕まえようとする姿を支え、捕まえた喜びに共感する。「この生き物は何を食べるのかな?」と子どもに問いかけたり、図鑑で一緒に調べたりすることを楽しむ。 ◉子どもたちの気づきや発見、不思議に思ったことなどに共感する。 ◉子どもと図鑑の写真を見て、図鑑の内容を伝えることで、物事を探究する楽しさを味わえるようにする。	**新しい仲間や遊びと出会うきっかけをつくろう** ★園庭に、遊びの種類(鬼ごっこなど体を動かすことができる空間と、図鑑や絵本でじっくり調べられる空間)ごとに、ゆるやかにコーナーを設ける。 ◉集まりの時に、子どもたちが今楽しんでいることなどをそれぞれ紹介し合い、共有する時間をつくる。 ◉子どもたちが互いの表情や仕草に自然に関心が向けられるよう、円陣やコの字になって集まり、「伝えたい」「聞きたい」という雰囲気づくりを大切にする。
評価 (子どもを捉える視点・見通し)	・進級した喜びを様々な場面で感じ、活動することができたか。 ・新しい環境の中で、クラスの友だちや保育者とのつながりを感じて過ごせたか。 ・自分のやりたい遊びを見つけ、楽しむことができたか。	・室内でのごっこ遊びを園庭でも展開するなど、室内と外での遊びが連動するような環境を子どもの興味・関心に合わせて構成していく。

集まりの時間を工夫しよう

出席を取ったり、1日の流れを確認したりするだけでなく、今、自分が何に取り組んでいるかを紹介し合ってみましょう。友だちの新たなよさに気づいたり、やってみたい遊びが生まれるきっかけになります。

子どもの興味・関心に目を向けよう

子どもの興味・関心や「つぶやき」をもとに環境を再構成してみましょう。子どもたちの「もっと、こうしたい」とか「〇〇があればいいんだけど……」といった声を拾っていき、環境を再構成していくと遊びが深まり、広がっていきます。

「月のねらい」は子どもの姿をもとに、資質・能力の3つの柱を意識して振り返りができるように作ります。本書では特に意識したいものに下線を入れています。「知識・技能の基礎」........、「思考力・判断力・表現力等の基礎」_ _ _ _、「学びに向かう力・人間性等」___ ※下線の詳細はP8を参照

4歳児 4月 の資料

新年度、新しい環境や仲間との出会いの中で、子どもたちが安心して生活し、遊び込むための工夫を考えてみましょう。

環境構成

「遊び込む」ための道具と素材を準備しよう

子どもたちが遊び込むためには、道具と素材が必要です。
そしてできる限り、子どもたちが必要な時に自由に選べるように
それらを配置することが重要です。

写真やイラストを使って可視化しよう

どこにどんな道具や素材が置いてあるのかがわかるように、ケースや箱に写真やイラストを添えます。可視化することで、子どもたち自身が選択できるようになり、整理もしやすくなります。

楽器などは、子どもたちが使いたい時に使いたいものを使えるように置き方を工夫しています。

段ボールに画用紙を貼り、その上に廃材の写真を貼ります。どんな材料が入っているか一目瞭然。

外で使う遊具もワゴンに入れて、どこに何をしまうかをわかるようにすると、使いたい時にすぐに手に取れます。

今月の保育教材

絵本

『はじめまして（たんぽぽえほんシリーズ）』新沢としひこ／作、大和田美鈴／絵、鈴木出版
新しいクラス、仲間との出会いを喜び、緊張や不安を和らげ、これからの生活を一緒に楽しみたくなる雰囲気づくりに役立つ絵本。

『もぐらバス』佐藤雅彦／原案、うちのますみ／文・絵、偕成社
ある町の地面の下には、不思議なバス停がいっぱい――。園庭で春の自然にふれ、草花や生き物に親しみをもつ活動をした子どもたちなら、見えない園庭の下の世界を一緒に想像してワクワクし、遊びが広がるかも……。

話し合い 集まりの時間を工夫してみよう

1日の園生活の中には、クラス全員で集まる時間があるはずです。いつ集まりますか？ なんのために集まりますか？ 出席を取ったり、1日の流れを説明するためだけでなく、子どもたち自身が園生活の担い手になっていくために、集まる時間と内容を工夫してみましょう。

仲間のよさを発見できる場に

子どもたち自身が遊んだ内容を紹介する時間や、保育者自身が感動したすてきな出来事を話す時間を設けてみましょう。一人ひとりのよさを発見し合い、同時多発的に起きている遊びを共有できる時間になります。そこから、クラスでの新しい仲間関係も生まれてきます。

個々が楽しんでいること、発見したことなどをクラスのみんなで共有することで、遊びは深まり、広がります。

どんな意見が出ているか、何が決まったかを、みんなで見られるように紙に書き出すなど工夫してみましょう。

話したいけど、ドキドキする。そんなこともあって当然です。保育者と一緒に話したり、保育者が代わりに話してあげてもいいでしょう。

様々な集まり方を試してみよう

輪になる、スクール形式で集まるなど、話す話題によって集まり方を変えてみましょう。また、何かを決める際には、今どんな意見が出ているかを、紙やホワイトボードなどに書いて「見える化」することによって、子どもたちが参加しやすくなります。

5月以降の月案と資料は、『3・4・5歳児 子どもの姿ベースの指導計画』を参考に！

5歳児の指導計画 4月

4月当初の子どもの姿	・卒園式で前年度の5歳児を送り出したことで、感謝の気持ちや寂しい気持ちをもったり、卒園児の様子を思い出したりする姿が見られる。 ・園の最年長学年になることを自覚し、喜びと期待を抱いている様子が見られる。

5歳児としての自尊心を育もう

新しい生活や環境が、心地よい自分の居場所となることにより、自らを発揮するようになります。5歳児としての自覚や、自尊心が育まれ、考えや思いを伝え合い、自分から生活を工夫し、共に探究する姿が見られます。

自分たちで進める生活と遊び

5歳児になった自覚から、子どもたちは生活の仕方や、約束事、役割などに興味をもち、自分たちで考えて、行動します。グループ活動や役割などを通じて一緒に生活や遊びを楽しみ、興味・関心を共有し、創意工夫して探究できるように、十分な時間や場所を確保しましょう。

	第1週	第2週
子どもの姿ベースのねらい●と内容◆	❶新しい環境に慣れ、安心して生活や遊びを楽しむ。 ◆新しい生活や環境に慣れ、安心して過ごす。 健康 道徳・規範 社会生活 ◆クラスの保育者や友だちと共に生活や遊びを楽しみ、親しみをもつ。 健康 道徳・規範 社会生活 ◆室内外の環境を知り、確認する(個々の持ち物や共通の道具の置き場所などを知る)。 社会生活 ◆自分の好きな遊びを主体的に楽しむ。 自立心 思考力 ❷5歳児になったことを自覚し、喜びを感じ、主体的に過ごせる。 ◆5歳児になったことを自覚し、期待をもつ。 自立心	◆新しい生活や環境に慣れ、その特徴に気づく。 健康 社会生活 ◆生活の仕方や、約束事、役割に興味をもち、自分たちで話し合って、主体的に行動する。 協同性 道徳・規範 社会生活 ◆グループや当番活動に主体的にかかわる。 協同性 道徳・規範 社会生活 ◆新入園児や年下の子どもの不安や困っている様子に気づき、自ら世話をしようとする。 協同性 道徳・規範 社会生活 ◆興味のある遊びを友だちと一緒に楽しむ。 自立心 協同性 思考力 言葉
環境構成★・保育者の配慮◎	**喜びと自覚が育まれるように** ◎5歳児になって「うれしいこと」「楽しみなこと」「頑張りたいこと」などを集会で共有する。保育者が子どもの発言に共感し、励ます。 **新しい環境で安心を** ★新しいクラスの一員として歓迎されていることがわかるように、個々の写真や名前を用意し、掲示する。 ◎室内外の新しい環境や遊具について、特徴や安全性を伝える。 ◎一人ひとりの個性を理解し、気持ちを洞察し、認め、共感し、協同しながら、信頼関係を築く。 **主体的な遊びが広がるように** ★これまでよく遊んでいた道具や教材を用意し、写真を貼るなどしてわかりやすく示し、子どもが自由に出し入れできるようにする。 ◎新しい環境や人とかかわろうとする姿を認め、時に仲立ちをする。	**新しい環境・関係に親しむ** ★子どもと相談し、製作したものなどを飾る場所を用意する。 ★1人で安心して遊ぶ様子や友だちと遊ぶ様子のドキュメンテーションを作成し掲示する。 ◎新しい環境や友だちと遊ぶ楽しさに気づいたり、共感したりできるように、仲立ちする。 **主体的に生活を楽しむために** ◎子どもたちの話し合いの機会を設けて、生活場面での工夫や、安全に配慮する姿、友だちや年下の子どもを思いやる姿などを認める。 **興味をもって没頭できるように** ★子どもが集中して遊べる空間をつくる。 ★子どもの興味・関心に応じた素材や道具等を十分に用意し、子どもと相談しながら、さらに充実させる。 ◎一人ひとりの考えや思いを聞き、保育者も一緒に考えたり楽しんだりする。
個別配慮	ゆうすけくん：加配の保育者と日々の様子を確認しつつ、新しい環境に緩やかに慣れるように言葉かけやかかわりに配慮する。 みずきちゃん：新入園児なので、新しい環境に慣れるよう、保護者と密に連携を取りながらかかわっていく。	家庭・学校・地域との連携：・家庭と共に、5歳児になったことを喜び、認め、子どもの自覚や自信につながるように援助する。 ・新しい環境での不安や、緊張、疲労について家庭との情報共有を密に図る。

「子どもの姿ベースのねらい●と内容◆」の「内容」は子どもの姿をもとに「幼児期の終わりまでに育ってほしい姿(10の姿)」を意識して作ります。10の姿のマークを入れました。 健康 自立心 協同性 道徳・規範 社会生活 思考力 自然・生命 数量・図形・文字 言葉 感性・表現 ※マークの詳細はP8を参照

月のねらい	❶新しい環境に慣れ、安心して生活や遊びを楽しむ。 ❷5歳児になったことを自覚し、喜びを感じ、主体的に過ごせる。 ❸春の自然や人との出会いに興味をもってかかわろうとする。	健康・安全・食育の配慮	・新しい生活での、緊張感や張り切りすぎによる疲労感を考慮して、ゆったり過ごせる時間や場を用意する。 ・新しい環境での安全面を考慮し、室内外の環境や遊具等の取り扱いについて、子ども自身の気づきを促す。	行事	・入園式 ・始業式 ・誕生会 ・内科健診 ・春の交通安全運動

第3週	第4週
◆興味のある遊びを友だちと楽しみ、一緒に遊ぶ楽しさを感じたり、つながりを感じたりする。 協同性 社会生活 思考力	◆自分たちで生活を進める楽しさや、役立つうれしさを感じる。 協同性 道徳・規範 社会生活
◆主体的な生活や遊びの中でルールや役割に気づき、共に考えたり、工夫したり、決めたりする。 自立心 道徳・規範 社会生活 ◆友だちと一緒に新しい道具やルールを活かした遊びを楽しむ。 協同性 社会生活 言葉 ❸春の自然や人との出会いに興味をもってかかわろうとする。 ◆春の身近な自然や環境に興味をもち、積極的にかかわる。 自然・生命	◆当番や役割、年下の子どもへのかかわりなど、自分たちのできることを考え、意欲をもって取り組もうとする。 自立心 社会生活 道徳・規範 ◆自らの考えや思いを出し合いながら、生活や遊びを楽しむ。 自立心 協同性 言葉 ◆自分の考えや思いを伝えたり、友だちの考えや思いを聞いたりしようとする。 思考力 言葉 ◆春の自然や環境に興味をもち、感じたり、関連づけたり、活用したりする。 思考力 自然・生命

一緒の楽しさを感じられるように
- ◉子どものリクエストに応じて、ふれ合い遊びや、手遊び、椅子取りゲームなどルールのある遊びをしたり、歌を歌ったりして楽しむ。
- ◉食事や振り返りの時に、自分の考えや思いを話したり、友だちの話を聞いたりする機会を設ける。

創意工夫して楽しめるように
- ★子どもの意見を取り入れて、コーナーづくりやおもちゃの準備や配置などの環境を再構成する。
- ◉ものの扱い方や片づけなどで、自分で気づき、考え、行動する姿を認め、励ます。
- ◉自分らしい考えや思いを出し合う姿を認め、励ます。

春を感じ、楽しめるように
- ★子どもの発見したものに関連する絵本や図鑑を掲示し、クラス全体で共有する。
- ◉発見を友だちに伝えたり、友だちから聞いたりする機会を設け、興味・関心を広げていく。

自分たちらしい生活を
- ★役割や担当を自覚できるよう、写真や名前入りの掲示や教材を準備する。
- ◉栽培や飼育、配膳の準備や片づけなどの役割について、内容や進め方を子どもたち自身が提案し、話し合って決める機会を設ける。

相互作用をうながす
- ◉生活での類似点や、共通の興味などへの気づきを認め、確認する。
- ◉考えや思いを友だちと伝え合う姿を認める。
- ◉考えや思いが伝わりにくい時は、保育者がかかわって、相互理解が深まるように援助する。

春の自然への興味を広げるように
- ★生活や遊びの中で発見した動植物の飼育や栽培に必要なものを用意する（虫カゴや、花瓶、図鑑などの資料）。
- ◉春の自然を、色水遊びや、製作などに活用する姿を認め、励ます。

評価 (子どもを捉える視点・見通し)	・保育者の言葉かけや環境づくりの中で、安心して過ごせたか。 ・自ら生活を工夫し、自分の興味のあることを見つけて、友だちと楽しく遊んでいたか。 ・5歳児になった喜びを感じ、自尊心をもって過ごせたか。	・友だちとのつながりを感じ、考えや思いを伝え合いながら、没頭して遊べたか。 ・春の自然に興味をもち、探究したり活用したりしていたか。

共に環境をつくろう

4月当初は何よりも居心地がよい自分のクラスという意識が芽生えるように、個々の子どもが環境をよく知り、慣れることが大切です。さらには、子どもたちの意見を取り入れた春の発見コーナーや探究コーナーを作るなど、一緒に環境構成をしたいものです。

個と個を尊重し、つなげる援助を

新しいクラスでは、まずは個々の子どもが自分らしさを発揮できるように、その姿を時に認め、時に励まし、時に促しましょう。さらには、他児への関心が高まる姿や、協同する姿を認め、励ますことにより、クラスのつながりが広がります。

「月のねらい」は子どもの姿をもとに、資質・能力の3つの柱を意識して振り返りができるように作ります。本書では特に意識したいものに下線を入れています。
「知識・技能の基礎」………、「思考力・判断力・表現力等の基礎」＿＿＿＿、「学びに向かう力・人間性等」＿＿＿＿＿　※下線の詳細はP8を参照

5歳児 4月 の資料

新しい環境や友だちと安心して生活し、5歳児としての自覚と自信をもって自己を発揮することができる環境の工夫を考えてみましょう。

自尊心を大切に 自信をもって過ごせるように援助する

5歳児になった子どもたちが、生活の中で自信を深めて、安心して自分の考えや思いを伝えて、他者との温かいかかわりが広がるように、協同したり、共感したり、認めたりといった援助を工夫しましょう。

安心して、生活や遊びが楽しめるように

クラスの友だちとのつながりの中で、自分らしさを発揮しながら、生活をつくっていけるように、まずは安心できる場づくり、次に自分の考えや思いを出しやすい受容的な雰囲気づくりをします。そして、自己を発揮する個々の子どもの姿を認め、励まし、共に楽しむための援助を工夫しましょう。

4月の5歳児クラスでは、自覚と自信に溢れた子どもたちの姿が見られます。自ら進んで、手洗いやうがいなどをする姿を、保育者が認めることで、健康や衛生管理への意識を育みたいものです。

友だちと楽しかった遊びを振り返りながら、「汗をたくさんかいたからお顔も洗っちゃった」「それは、いいアイデアね」など、自分の考えや思いを伝えたり、認め合ったりする姿も見られます。自己が発揮しやすい安心できる環境や、受容的な雰囲気づくりを工夫してみましょう。

5歳児としての自覚や自信から、年下の子どもの世話をする姿や、他者を思いやる姿が見られます。個々の子どもを認めたり褒めたりし、その姿をクラスで共有し、広げていきたいものです。

友だちと一緒に安心して遊ぶために、保育者が遊びに入るなどの工夫をしてみましょう。「こんな滑り方で、一緒に滑ってみよう」「次はこんな滑り方も楽しいね」など、子どもたちからアイデアが出始めます。

話し合い　経験を共有し、さらに深められる豊かな教材と場を用意しよう

自分の安心できる居場所を見つけ、好きな遊びとじっくりと向き合いたい4月。
友だちと一緒に発見したり、工夫して遊んだりできる環境や、調べたり、育てたり、
作ったりできる教材を、子どもと一緒に用意しましょう。

試行錯誤するために、十分な教材や空間を

4月は、新しいクラスで、より自己を発揮するための基礎を培う時期です。ゆったりした雰囲気、じっくりと考えや思いを伝え合う機会、時間や空間を十分にとった環境構成・再構成をしましょう。春の自然を感じ、トカゲ、ダンゴムシや幼虫を見つけ、それを飼えるようにしたり、また、草花を摘んだり、つぶしたり、混ぜたりできるように、十分な教材も必要です。

菜の花を抜き、土をつくり、各々が選んだ野菜を育てます。

色水遊びでは、個々が主体的にじっくりとよく観察したり、比べたりする姿や、友だちと対話しながら、工夫したり、試したり、協力したりする姿が見られます。

自分たちで見つけた幼虫を育てる方法を図鑑で調べ、育てるために必要な道具を保育者と一緒に探しました。当番なども話し合って決めました。

今月の保育教材

道具
遊びが豊かに展開できるように、コップ、じょうろ、ふるい、すり鉢などの教材を用意しましょう。

絵本
『とべバッタ』田島征三、偕成社
進級直後の子どもたちは、小さくともみんな不安を抱いているもの。新しい環境で元気が湧き出るきっかけになる絵本です。
『のはらのずかん』長谷川哲雄／『やさいのずかん』小宮山洋夫、(絵本図鑑シリーズ) 岩崎書店
5歳児の限りない科学的探究心に応えます。春の自然を感じる活動の教材として最適です。

5月以降の月案と資料は、『3・4・5歳児 子どもの姿ベースの指導計画』を参考に！

すぐにわかる！ 「要録」のポイント
〜子どもの育ちを小学校へ伝える

新要領・指針を受けて、「要録」の様式が新しくなりました。小学校に子どもの育ちを伝える資料として提出が義務付けられている「要録」はとても大切なものです。配慮すべきポイントを解説します。「子どもの姿ベース」で「要録」も作成しましょう！

「要録」はとても大切！

「要録」とは、幼稚園と幼保連携型認定こども園ではその教育課程の履修を証明するものです。同時に、保育所を含めて共通に、小学校教育への参考資料とするものです。この公式の資料によって、個人情報を含めて、幼児教育側と小学校側の情報交換が可能となります。

小学校側としては、幼児教育を通して育った「資質・能力」の様子を知った上で小学校教育を始めることで、スムーズな接続と低学年教育のレベルアップを実現し、個別指導の工夫を可能にしていくことができます。

「資質・能力」と「10の姿」の視点で

今回の改訂・定では、幼児教育としての5つの領域はそのままに、その内容を含んだ活動を「環境を通して」行うことにより、子どもの中で育つ力を「資質・能力」の「3つの柱」として記載しています。その「資質・能力」が幼児教育の終わりの段階でどれほど育っているかを具体的に示す「幼児期の終わりまでに育ってほしい姿（10の姿）」も参照して、「要録」を記述していくことが大切です。

小学校側としては、「資質・能力」の育ちだけでは漠然としやすいので、「5つの領域」の内容に応じて「資質・能力」がどのように伸びているかを示す「10の姿」を示してもらえると、「資質・能力」の育ちを継承し、発展させやすくなります。

その点を意識しながら、幼児のよいところ、特に成長の伸びが著しいところを中心に、それがどういう働きかけや場で成り立つかを具体的な姿として記述します。

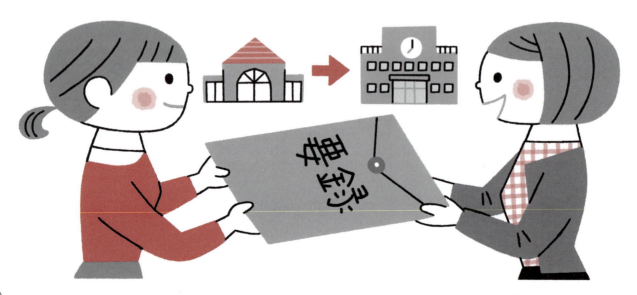

要録の記入のポイント

　幼児教育の「要録」はテストのように点数で示すものではなく、日頃の子どもの遊びや生活の数か月、さらに1年といった期間の様々な場面を見ながら、そこでの具体的な様子をまとめ、よく育ったところを示すものです。

　具体的に書くために、日頃の記録を少しずつまとめておきましょう。そこから特にその子どものよいところや伸びの著しいことを表す事例をいくつか選んで、その共通の発達していく姿の変容を整理します。エピソードを簡単にいくつか挙げて、それがどんな成長を示すのかを書くのがよいでしょう。常に具体的に、だから「姿」です。

　「資質・能力」の育ちを記述に活かすためには、「資質・能力」の「3つの柱」のキーワードを利用すると簡単になります。「気付く」「わかる」「できるようになる」「試し工夫する」「興味をもち挑戦し粘り強く取り組む」「友だちと協力して1つのことを成し遂げようとする」などです。このような言葉やそれに近い言葉を使い、それが発揮されていることを記述します。さらに、以前よりもっといろいろなことに気付き、工夫が豊かになり、難しいことに何度も挑戦してやり遂げていく、などの様子を示すことで、「資質・能力」の育ちがわかります。

　「10の姿」も同様です。「5つの領域」のどこが主な活動内容であり、そこで特に優れた力が発揮されていたり、いくつもの活動を通して伸びていったりしている力は何であるかに注目します。例えば、「健康な心と体」であれば、そのキーワードである「充実感」「見通しをもって」「自ら〜する」などがよく見られるようになってきたということを中心に記述します。

　通常、1つの活動には「10の姿」のいくつかが続けて見られるものです。例えば、運動遊びをして、ルールの話し合いをして、また遊ぶといった活動には、健康な心と体、伝え合い、規範意識等が関係しています。それを総合的にまとめることで育ちが見えます。

ここに注目！　「要録」の書き方のポイント

❶ 記録をベースに
具体的に子どもの育ちを書くために、その子が何に興味をもち、どんなところが育っているのか、記録に残しましょう。

❷ 伸びたところを具体的に
記録を振り返り、最終学年に特にその子が伸びたところを具体的な活動を入れて記述しましょう。

❸ 達成度や比較ではない
達成度や他児と比較しての「できる・できない」の評価ではなく、その子自身の育ったところを具体的に書くようにしましょう。

❹ その子らしさを伝える
どの子も同じような記述だと、小学校側に子どもの個性が伝わりません。その子らしさが伝わる要録にしましょう。

❺ プラスの視点で書く
要録は公式な文書なので保護者が開示を求めることもあります。できるだけ前向きな表現で書くようにしましょう。

❻ 小学校に伝わる言葉で
小学校の先生にも伝わるよう、「10の姿」「資質・能力」のキーワードを入れ、育ちを多面的に、具体的な姿を書きましょう。

保育所児童保育要録

新指針で保育所は、「幼児教育を行う施設」と記述されました。それに伴い、幼稚園・認定こども園と近い書式に変更されています。子どもが小学校を卒業するまで保管するとても大切な書類なので、子どもの姿が伝わる充実した内容にしていきましょう！

1枚目：入所に関する記録

ここが変わった！

「入所に関する記録」が加わりました。
- 幼稚園幼児指導要録の「学籍に関する記録」にならい、2018年度から新しく加わった書式です。
- その子どもが在籍する最終年度の初めや変更が生じた時に記入します。

児童の氏名・生年月日・性別・現住所
- 各項目を正しく丁寧に記入します。間違えた場合は、二重線で訂正し、認印を押します。要録は公文書なので修正液は使わないこと。
- 住所に変更があった場合は、二重線で消し、新しい住所を記入するようにします。

保護者の氏名・住所
- 子どもの親権者（通常は両親のどちらか）の氏名と住所を記入します。親権者以外の場合、氏名の後に（後見人）と記入します。

入所日・卒所日

施設長名・担当保育士名
- 変更があった時に備え、欄の上部に記入しておきます。
- 複数で担当する場合は、全員の氏名を記入し、押印します。副担任はその旨を記載。
- ゴム印の使用可。

就学先

保育所名及び所在地

別紙：幼児期の終わりまでに育ってほしい姿について

書式は各市町村が作成します。小学校に送る公的な書類なので、複数の保育者が確認し、客観的な内容となるようにしましょう。

2枚目：保育に関する記録

保育所児童保育要録（保育に関する記録）

本資料は、就学に際して保育所と小学校（義務教育学校の前期課程及び特別支援学校の小学部を含む。）が子どもに関する情報を共有し、子どもの育ちを支えるための資料である。

ふりがな 氏名	保育の過程と子どもの育ちに関する事項	最終年度に至るまでの育ちに関する事項
生年月日　　年　月　日	（最終年度の重点）	
性別	（個人の重点）	

ねらい（発達を捉える視点）

健康
- 明るく伸び伸びと行動し、充実感を味わう。
- 自分の体を十分に動かし、進んで運動しようとする。
- 健康、安全な生活に必要な習慣や態度を身に付け、見通しをもって行動する。

人間関係
- 保育所の生活を楽しみ、自分の力で行動することの充実感を味わう。
- 身近な人と親しみ、関わりを深め、工夫したり、協力したりして一緒に活動する楽しさを味わい、愛情や信頼感をもつ。
- 社会生活における望ましい習慣や態度を身に付ける。

環境
- 身近な環境に親しみ、自然と触れ合う中で様々な事象に興味や関心をもつ。
- 身近な環境に自分から関わり、発見を楽しんだり、考えたりし、それを生活に取り入れようとする。
- 身近な事象を見たり、考えたり、扱ったりする中で、物の性質や数量、文字などに対する感覚を豊かにする。

言葉
- 自分の気持ちを言葉で表現する楽しさを味わう。
- 人の言葉や話などをよく聞き、自分の経験したことや考えたことを話し、伝え合う喜びを味わう。
- 日常生活に必要な言葉が分かるようになるとともに、絵本や物語などに親しみ、言葉に対する感覚を豊かにし、保育士等や友達と心を通わせる。

表現
- いろいろなものの美しさなどに対する豊かな感性をもつ。
- 感じたことや考えたことを自分なりに表現して楽しむ。
- 生活の中でイメージを豊かにし、様々な表現を楽しむ。

（保育の展開と子どもの育ち）

（特に配慮すべき事項）

幼児期の終わりまでに育ってほしい姿

※各項目の内容等については、別紙に示す「幼児期の終わりまでに育ってほしい姿について」を参照すること。

- 健康な心と体
- 自立心
- 協同性
- 道徳性・規範意識の芽生え
- 社会生活との関わり
- 思考力の芽生え
- 自然との関わり・生命尊重
- 数量や図形、標識や文字などへの関心・感覚
- 言葉による伝え合い
- 豊かな感性と表現

保育所における保育は、養護及び教育を一体的に行うことをその特性とするものであり、保育所における保育全体を通じて、養護に関するねらい及び内容を踏まえた保育が展開されることを念頭に置き、次の各事項を記入すること。
○保育の過程と子どもの育ちに関する事項
＊最終年度の重点：年度当初に、全体的な計画に基づき長期の見通しとして設定したものを記入すること。
＊個人の重点：1年間を振り返って、子どもの指導について特に重視してきた点を記入すること。
＊保育の展開と子どもの育ち：最終年度の1年間の保育における指導の過程と子どもの発達の姿（保育所保育指針第2章「保育の内容」に示された各領域のねらいを視点として、子どもの発達の実情から向上が著しいと思われるもの）を、保育所の生活を通して全体的、総合的に捉えて記入すること。その際、他の子どもとの比較や一定の基準に対する達成度についての評定によって捉えるものではないことに留意すること。あわせて、就学後の指導に必要と考えられる配慮事項等について記入すること。別紙を参考し、「幼児期の終わりまでに育ってほしい姿」を活用して子どもに育まれている資質・能力を捉え、指導の過程と育ちつつある姿をわかりやすく記入するように留意すること。
＊特に配慮すべき事項：子どもの健康の状況等、就学後の指導において配慮が必要なこととして、特記すべき事項がある場合に記入すること。
○最終年度に至るまでの育ちに関する事項
子どもの入所時から最終年度に至るまでの育ちに関し、最終年度における保育の過程と子どもの育ちの姿を理解する上で、特に重要と考えられることを記入すること。

最終年度の重点
- 「全体的な計画」に基づいて長期の見通しとして設定します。
- 年度の初めに決めた年間指導計画の指導の重点を記入し、すべての子どもに共通の内容とします。

個人の重点
- 保育記録を活用し、1年間を振り返りながら、それぞれの子どもの「資質・能力」を捉えて記述します。
- その子どもの指導において特に重視してきた点を書きます。

最終年度に至るまでの育ちに関する事項
- 入所してから最終年度までの育ちの過程を、「資質・能力」を意識しながら記入します。
- 各年度でその子にどのような育ちが見られたか、ポイントを押さえながら具体的に書きましょう。

保育の展開と子どもの育ち
- 最終年度の指導の過程と子どもの発達の姿を具体的に記入します。
- 「10の姿」の視点を意識して、その子どもの育ちつつある姿を書きます。
- 1年間の保育者の指導を振り返り、その子どもの年度初めの姿から、育った部分や就学後も引き続き配慮が必要な部分などを記入します。
- その子どもの興味・関心に関連した育ちを具体的な遊びを通して記入していきます。

特に配慮すべき事項
- 健康状態等、特筆すべき事項があれば記入します。「特になし」でも可。
- 重要な個人情報となるので、病歴や障害などの記入は、保護者と相談の上、慎重に行いましょう。

ここが変わった！ 「幼児期の終わりまでに育ってほしい姿（10の姿）」の記述が加わりました。
- 別紙に「保育所保育指針」の原文に基づきそれぞれの項目が詳しく書かれています。

「10の姿」を意識しながら、5歳児の育ちつつある姿を小学校へ伝えましょう！

幼稚園幼児指導要録

2018年度から「最終学年の指導に関する記録」が独立しました。子どもの発達の実際から、著しく向上した資質・能力について具体的に記入します。他児との比較や一定の基準に対する到達度によって捉えることのないようにしましょう。

3枚目：最終学年の指導に関する記録

学年の重点
- 年度の初めに教育課程に基づく長期の見通しとして設定した、学年共通の指導の重点を記入し、すべての子どもに共通の内容とします。

個人の重点
- 保育記録を活用し、1年間を振り返りながら、それぞれの子どもの「資質・能力」を捉えて記述します。
- その子どもの指導において特に重視してきた点を書きます。

指導上参考となる事項
- 最終年度の指導の過程と子どもの発達の姿を具体的に記入します。
- 「10の姿」の視点を意識して、その子どもの育ちつつある姿を書きます。
- 1年間の保育者の指導を振り返り、その子どもの年度初めの姿から、育った部分や就学後も引き続き配慮が必要な部分などを記入します。
- その子どもの興味・関心に関連した育ちを具体的な遊びを通して記入していきます。

備考
- 出欠状況について、特に長期の欠席等があった場合に欠席理由・欠席日数を記入します。

出欠状況
- 最終年度の教育日数と出席日数を書きます。早退や遅刻なども含めます。

書式は各市町村が作成します。小学校に送る公的な書類なので、複数の保育者が確認し、客観的な内容となるようにしましょう。

1枚目：学籍に関する記録

2枚目：指導に関する記録

「学籍に関する記録」は、子どもの氏名や住所、入園日や修了日など、基本情報を記入します。

「指導に関する記録」は、各学年の修了時に担任が記入します。
入園から4歳児までの育ちの姿を「満3歳児」「3歳児」「4歳児」の1年ごとに書きます。

幼保連携型認定こども園園児指導要録

3枚目:最終学年の指導に関する記録

2枚目：指導等に関する記録

認定こども園の提出書類は、幼稚園と同じです。
①学籍等に関する記録
②指導等に関する記録
③最終学年の指導に関する記録

認定こども園の「指導等に関する記録」には、満3歳未満の園児に関する記録の欄があります。

[編著者]

無藤 隆（白梅学園大学大学院特任教授）

2017年告示の3法令の文部科学省、内閣府の検討会議に携わり、「幼稚園教育要領」「幼保連携型認定こども園教育・保育要領」の改訂を行う。改訂時の文部科学省中央教育審議会委員・初等中等教育分科会教育課程部会会長、幼保連携型認定こども園教育・保育要領の改訂に関する検討会座長

大豆生田啓友（玉川大学教育学部教授）

専門は、幼児教育学、子育て支援。厚生労働省「保育所等における保育の質の確保・向上に関する検討会」座長代理、一般社団法人日本保育学会副会長。講演会やNHK Eテレ「すくすく子育て」のコメンテーターとしても活躍

[執筆者]

0歳児 **和田美香**（東京家政学院大学准教授）

1歳児 **齊藤多江子**（日本体育大学准教授）

2歳児 **髙嶋景子**（聖心女子大学准教授）

3歳児 **松山洋平**（和泉短期大学准教授）

4歳児 **三谷大紀**（関東学院大学准教授）

5歳児 **北野幸子**（神戸大学大学院准教授）

[P36-37監修] **猪熊弘子**（名寄市立大学特命教授）

表紙・本文イラスト／イイダミカ
巻頭シートイラスト／井上雪子
本文イラスト／すぎやまえみこ　さくま育

[資料提供・協力園] ※五十音順

巻頭シート
・フレーベル西が丘みらい園（東京都）
・世田谷仁慈保幼園（東京都）

第2章
・白百合愛児園（神奈川県）
・世田谷仁慈保幼園（東京都）

第3章
・関東学院六浦こども園（神奈川県）
・四季の森幼稚園（神奈川県）
・田園調布学園大学みらいこども園（神奈川県）
・野中こども園（静岡県）
・人見認定こども園（北海道）
・文京区立お茶の水女子大学こども園（東京都）
・若葉台バオバブ保育園（東京都）

第4章
0歳児
・私立保育園（東京都）
1歳児
・足立区立中央本町保育園（東京都）
2歳児
・逗子市立小坪保育園（神奈川県）
・世田谷仁慈保幼園（東京都）
・文京区立お茶の水女子大学こども園（東京都）
・ゆうゆうのもり幼保園（神奈川県）
・若葉台バオバブ保育園（東京都）
3歳児
・愛育幼稚園（東京都）
・港北幼稚園（神奈川県）
・でんえん幼稚園（神奈川県）
・町田自然幼稚園（東京都）
4歳児
・江東区立元加賀幼稚園（東京都）
・白梅幼稚園（東京都）
・仁慈保幼園（鳥取県）
・ベネッセ日吉保育園（神奈川県）
・ゆうゆうのもり幼保園（神奈川県）
5歳児
・赤間保育園（福岡県）
・霧ヶ丘幼稚園（福岡県）
・神戸大学附属幼稚園（兵庫県）
・第二赤間保育園（福岡県）
・梅圃幼稚園（福井県）
・舞鶴市立うみべのもり保育所（京都府）

子どもの姿ベースの
新しい
指導計画
の考え方
新要領・指針対応

2019年2月27日　初版第1刷発行
2020年6月27日　初版第4刷発行

編著者　無藤 隆　大豆生田啓友
発行者　飯田聡彦
発行所　株式会社フレーベル館
　　　　〒113-8611 東京都文京区本駒込6-14-9
電　話　営業：03-5395-6613
　　　　編集：03-5395-6604
振　替　00190-2-19640
印刷所　株式会社リーブルテック

表紙・本文デザイン　blueJam inc.（茂木弘一郎）

©MUTO Takashi, OMAMEUDA Hirotomo 2019
禁無断転載・複写　Printed in Japan
ISBN978-4-577-81468-0　NDC376
96ｐ／26×21cm

乱丁・落丁本はお取替えいたします。
フレーベル館のホームページ
https://www.froebel-kan.co.jp